COMPARTIENDO VIDAS

Libro del curso

Un curso para ayudar a los cristianos
a compartir sus vidas con los musulmanes

Bert de Ruiter

"Compartiendo vidas"
es parte de Operación Movilización
http://www.sharinglives.eu

© Bert de Ruiter, 2016

Información bibliográfica de la Deutsche Nationalbibliothek
La Deutsche Nationalbibliothek recoge esta publicación en la Deutsche Nationalbibliografie. Los datos bibliográficos están disponibles en la dirección de Internet http://dnb.dnb.de.

ISBN 978-3-95776-207-8 (VTR)
ISBN 978-3-902669-34-6 (OM)

VTR Publications, Gogolstr. 33, 90475 Nürnberg, Germany
http://www.vtr-online.com

Busca información sobre tu oficina local de OM en
http://www.om.org

Las citas de las Escrituras son tomadas de la versión
Reina Valera 1960 (RV60), © American Bible Society

INTRODUCCIÓN   COMPARTIENDO VIDAS

INTRODUCCIÓN

En toda Europa, los cristianos y musulmanes viven cerca uno del otro. Se cruzan en las calles, esperan juntos el autobús o comparten edificios de apartamentos, salones de clase o comedores en las empresas, pero esencialmente son extraños entre ellos.

¿Qué es lo que impide que los cristianos compartan sus vidas con los musulmanes? La gente no tiene que cruzar el mundo en avión para encontrarse con musulmanes, simplemente tiene que cruzar la calle. Sin embargo, ¿qué les impide hacerlo? ¿Es falta de información? No lo parece. Hay muchos libros sobre el Islam y en muchas escuelas se ofrecen seminarios y cursos sobre el Islam.

Mientras tanto, el Islam es un tema candente en los medios de comunicación actuales. Muchos cristianos hablan sobre los musulmanes que queman iglesias, persiguen cristianos, estrellan aviones en edificios o secuestran personas en diferentes partes del mundo. Durante mucho tiempo estos eventos ocurrieron en lugares lejanos. Pero ahora los musulmanes han puesto bombas en trenes de Europa y un productor de la televisión holandesa fue asesinado por un marroquí en Ámsterdam. También se observa que muchos musulmanes se rehúsan a adaptarse a los derechos europeos "cristianos", reclamando sus propios derechos.

Las investigaciones han demostrado que el temor es el factor más importante que evita que los cristianos se relacionen con los musulmanes.

El curso *"Compartiendo vidas"* ha sido desarrollado para ayudar a los cristianos europeos a vencer su actitud negativa de temor, prejuicio y sospecha con el Islam y los musulmanes y para que aprendan a responder con gracia y a compartir sus vidas con los musulmanes.

El nombre del curso está tomado de 1 Tesalonicenses 2:8, adonde el Apóstol Pablo escribe: *"Tan grande es nuestro afecto por vosotros, que hubiéramos querido entregaros no solo el Evangelio de Dios, sino*

COMPARTIENDO VIDAS   INTRODUCCIÓN

también nuestras propias vidas; porque habéis llegado a sernos muy queridos."

Este versículo es un ejemplo de lo que significa ser un testigo encarnado, algo que ocurre cuando compartimos el Evangelio y compartimos nuestras vidas de manera integral.

El objetivo principal del curso *Compartiendo vidas* es ayudar a los cristianos a que cambien su actitud hacia el Islam y los musulmanes para pasar del temor a la gracia y para alentarlos a cultivar relaciones significativas con los musulmanes de sus barrios para compartir sus vidas y el Evangelio de Jesucristo con ellos.

El curso intenta animar a los cristianos a compartir sus vidas con los musulmanes en cinco pasos. Cada paso se ha abordado en una lección: 1) Nuestra visión del Islam y los musulmanes, 2) Desarrollando una actitud de gracia, 3) Entendiendo a los musulmanes, 4) Conociendo musulmanes, 5) Cultivando relaciones duraderas.

Además de este manual del curso, también están disponibles un manual para entrenadores e información adicional que puede usarse durante el curso (p.ej. presentaciones de Power Point y video clips). También puedes encontrar más información en el sitio Web www.sharinglives.eu

Dr. Bert de Ruiter
Amsterdam

LECCIÓN 1   COMPARTIENDO VIDAS

LECCIÓN UNO:
NUESTRA VISIÓN DEL ISLAM

Objetivo: Capacitar a los participantes para que reflexionen sobre sus actitudes hacia el Islam y los musulmanes a la luz de las Escrituras.

> **Para hacer:**
> Toma una hoja y responde las siguientes preguntas:
>
> ¿Qué palabras, imágenes, fotos, pensamientos vienen a tu mente cuando piensas en el Islam y los musulmanes?
> Termina la siguiente oración: "Cuando se trata del Islam, yo pienso que en 20 años…"
> Termina la siguiente oración: "Cuando se trata del Islam, me gustaría que…"
> Debate en grupos las respuestas que cada uno ha dado.

1   El llamado de Dios

En Mateo 28: 18-20 leemos las siguiente palabras del Señor Jesucristo *resucitado para sus apóstoles:*

"Toda potestad me es dada en el cielo y en la tierra. Por tanto, id, y haced discípulos a todas las naciones, bautizándolos en el nombre del Padre, y del Hijo, y del Espíritu Santo; enseñándoles que guarden todas las cosas que os he mandado; y he aquí yo estoy con vosotros todos los días, hasta el fin del mundo."

Esta Gran Comisión hoy todavía es relevante. El Señor Jesucristo todavía quiere hacer discípulos de todos los pueblos de la tierra. Esto incluye a los musulmanes de nuestro país, nuestra ciudad y nuestro barrio. El Señor de la Iglesia llama a los miembros de la iglesia a hacer discípulos de todos los pueblos.

COMPARTIENDO VIDAS   LECCIÓN 1

A través de todas las épocas Él ha usado a Su pueblo para acercar a otros a Él. Pero a veces ha tenido que tratar con obreros reacios a hacerlo, como lo vemos en la vida de Jonás.

2 La respuesta de Jonás al llamado de Dios

"Vino palabra de Jehová a Jonás hijo de Amitai, diciendo: Levántate y ve a Nínive, aquella gran ciudad, y pregona contra ella; porque ha subido su maldad delante de mí. Y Jonás se levantó para huir de la presencia de Jehová." (Jonás 1:1-3)

En el libro de Jonás aprendemos sobre la compasión de Dios por el mundo, aún por los enemigos de Israel. Dios conocía a la gente de Nínive y lo que ellos habían hecho. Ellos merecían Su juicio y castigo por sus pecados. Pero en vez de castigarlos directamente, Él quería darles una oportunidad para arrepentirse y así poder perdonarlos. A Dios le complacía más perdonarlos que castigarlos.

A menudo vemos que Dios quiere usar a Sus hijos para llevar a cabo Sus propósitos para este mundo. También en esta historia vemos que Dios quería usar a Jonás para llevar a cabo Sus propósitos para Nínive. Pero también vemos que Jonás se rehusaba a cumplir con esta tarea.

Para entender lo que significó el llamado de Dios para Jonás nos será de ayuda aprender más sobre Nínive.

a Información sobre Asiria y Nínive

En Génesis 10:8-11, leemos que Nínive fue construida por Nimrod, uno de los primeros guerreros poderosos de la tierra. En los días de Jonás, Nínive era la capital de Imperio Asirio. Asiria era un reino ubicado entre los ríos Éufrates y Tigris y dominó el mundo entre el siglo IX y el VII antes de Cristo. El imperio era una de las mejores máquinas de luchar de la antigüedad y una de las civilizaciones más sangrientas y crueles que se han conocido. El terror fue uno de los factores que más contribuyeron al éxito asirio.

LECCIÓN 1 — COMPARTIENDO VIDAS

Ellos tenían una política de terror calculada, posiblemente uno de los primeros ejemplos de guerra psicológica organizada.

Para ellos era común matar a todo hombre, mujer o niño en las ciudades capturadas. Asiria se transformó en un sinónimo de crueldad y atrocidad. Ellos hollaban vivos a sus prisioneros y descuartizaban los cuerpos en varias partes para inspirar terror en sus enemigos.

En sus monumentos e informes históricos se jactaban de las grandes pirámides de cabezas humanas que construían hechas con los cuerpos de sus enemigos y de cómo quemaban ciudades y empalaban seres humanos, cómo les cortaban las manos y desollaban cuerpos y muchas atrocidades más. Uno de los monumentos antiguos descubiertos en las ruinas de la antigua Asiria tenía esta inscripción del Rey Asurnasirpal (que comenzó su reino en el año 883 a.C.) acerca de la conquista de una ciudad:

"Tomé prisioneros a sus hombres, jóvenes y ancianos. A algunos les corté los pies y las manos, a otros les corté las narices, las orejas y los labios, hice una pila con las orejas de los hombres jóvenes, con las cabezas de los viejos construí una torre." "Las Cinco grandes monarquías del mundo antiguo" George Rawlinson vol. 2, pg. 85, nota.

La política asiria consistía en deportar a los pueblos conquistados a otras tierras dentro del imperio, destruir su sentido de nacionalismo y romper con cualquier orgullo o esperanza de rebelión y reemplazarlos con extranjeros de lugares lejanos.

Esto es lo que hicieron con la parte norte de Israel en el año 772 a.C. En 2 Reyes 17:24 leemos:

"Y trajo el rey de Asiria gente de Babilonia, de Cuta, de Ava, de Hamat y de Sefarvaim, y los puso en las ciudades de Samaria, en lugar de los hijos de Israel; y poseyeron a Samaria, y habitaron en sus ciudades."

Estos pueblos fueron llamados después "los samaritanos".

En Nahum 3:1-4, un relato que data de 150 años después de Jonás, leemos la siguiente descripción de Nínive:

COMPARTIENDO VIDAS — LECCIÓN 1

"ciudad sanguinaria, toda llena de mentira y de rapiña, sin apartarte del pillaje".

También habla de la hechicería y la brujería de la ciudad. La adoración pagana de los asirios fue vehementemente condenada por varios profetas del Antiguo Testamento (Is. 10:5; Ez. 16:28; Os. 8:9).

Con esta información no es difícil entender porqué casi todo el pueblo de Israel veía a los asirios con un odio arraigado, con sospecha y con temor. También comenzamos a entender la resistencia de Jonás para ir a predicar a este pueblo.

> **Para debatir:**
> Trata de ponerte en los zapatos de Jonás. ¿Cómo habrías respondido al llamado de Dios?
> ¿Hoy todavía sufrimos el "síndrome de Jonás"? Si es así, ¿de qué manera?

3   El Islam: ¿nuestra Nínive?

El temor por el imperio asirio terminó. La famosa ciudad de Nínive es simplemente una pequeña aldea del Irak actual. Otros poderes y autoridades, ciudades y pueblos han tomado su lugar. Para muchos cristianos de Europa su "Nínive" contemporánea es el Islam. Ellos ven la agresión de los extremistas musulmanes, oyen a los líderes islámicos que dicen cosas que los llenan de temor y miran con sospecha a los muchos musulmanes que han venido a vivir a nuestros países. Uno de los obstáculos más grandes que tienen los cristianos para compartir sus vidas con los musulmanes es nuestra propia actitud.
La actitud de muchos cristianos de Europa hacia el Islam y los musulmanes, es una actitud de temor, prejuicio y sospecha.

| LECCIÓN 1 | COMPARTIENDO VIDAS | |

4   Enfrentando nuestro temor por el Islam

El temor es un elemento básico y natural y es instintivo en nuestra naturaleza humana. Es una emoción creada por Dios. Funciona como una luz de advertencia en la cercanía de un peligro. El temor saludable nos protege del peligro real. No todo temor es pecaminoso; por ejemplo, Jesús expresó temor en el Jardín de Getsemaní.

Sin embargo, no todo el peligro que se percibe es un peligro real.

Una definición muy usada dice que el temor es una

>   EVIDENCIA FALSA
>   que
>   PARECE REAL.

Todo temor se basa en la percepción. A pesar de que la vasta mayoría de las cosas que tememos nunca se vuelven realidad, ¡la evidencia falsa a veces es muy convincente!

El temor distorsiona nuestro sentido de la realidad. Distorsiona nuestra percepción de nosotros mismos y nos sentimos más débiles de lo que en realidad somos. Distorsiona el tamaño de nuestros problemas y la fortaleza de los que creemos son nuestros enemigos, para que parezcan enormes e invencibles. Pero quizás lo más significativo es que el temor distorsiona nuestra imagen de Dios, Quien parece débil, inactivo o despreocupado en medio de nuestros problemas.

La diferencia entre un temor legítimo en un mundo peligroso y un temor que nos encarcela y aún ofende a Dios, tiene que ver con *a qué o quién* tememos y dónde nos lleva el temor. ¿Nos lleva a protegernos a nosotros mismos o nos lleva hacia Dios, nuestro Protector? Proverbios 29:25 nos dice que *"Temer a los hombres resulta una trampa, pero el que confía en el Señor sale bien librado."* (NVI)

El temor puede llegar a ser un arma de Satanás que usa nuestro temor instintivo para impedir que lleguemos a ser todo lo que Dios quiere que seamos y que hagamos. El mandamiento: "no temáis" es uno de los más repetidos de todas las Escrituras. Esto indica que el temor y la

COMPARTIENDO VIDAS LECCIÓN 1

ansiedad no solo son parte de la condición humana más común, sino también una emoción o una reacción hacia la vida a la que ningún seguidor de Cristo es inmune.

David describe esta paradoja de maravilla cuando escribe:

"En el día que temo, Yo en ti confío. En Dios alabaré su palabra; en Dios he confiado; no temeré; ¿Qué puede hacerme el hombre?" (Salmos 56:3-4)

Una manera de enfrentar nuestro temor es conocer más qué es lo que causa este temor.

En el contexto de este curso, cuando lidiamos con nuestro temor del Islam, es bueno aprender más acerca de cómo los musulmanes practican su fe e interpretan el Corán y cómo el Islam se ha desarrollado en Europa. Veremos esto con más detalle en la lección 3 de este curso.

Otro paso importante para lidiar con nuestro temor es tomarlo en serio:

"Cuando nuestra vista se nubla por el efecto del temor, ¿cómo recuperamos nuestro horizonte? ¿Cómo recobramos nuestro sentido de realidad cuando las amenazas parecen tan reales y los peligros tan presentes? La respuesta se reduce a sentir el temor. Si evitas el temor, se volverá oscuro y destructivo. Déjalo que te acose sin ahuyentarlo con plegarias piadosas o distraerte con ocupaciones. El temor enfrentado es un corazón expuesto. El temor clarifica, por exposición, a quién (y a qué) servimos. Se puede clasificar en dos categorías: el temor del mundo y el temor de Dios." [1]

La mayoría de nuestros miedos nacen de nuestra demanda de ganar placer, honor, significado, seguridad y gozo en un mundo que más a menudo nos entrega dolor, vergüenza, caos y tristeza. El temor del mundo es otra forma de describir el temor de lo que la vida (de lo que otros) pueden hacernos.

---

[1] Dan. B. Allender & Tremper Longman III, *The Cry of the Soul, how our emotions reveal our deepest questions, about God* (Colorado Springs: NavPress, 1994), 99.

LECCIÓN 1   COMPARTIENDO VIDAS

Otra manera de enfrentar al temor en nuestras vidas es poner lo que causa el temor junto a otra realidad. Como cristianos esta realidad es nuestro Dios, nuestro Creador y en Cristo Jesús, nuestro Padre. Una de las maneras de vencer el temor a los hombres y las circunstancias es llegar a tener más conciencia de quién es Dios.

Este es uno de los mensajes de Isaías del capítulo 40 al 54, que se refiere a un tiempo de la historia del pueblo de Dios que podría tener algunos paralelos con nuestro tiempo.

5   El trasfondo de Isaías del capítulo 40 al 54

El profeta Isaías profetizó sobre uno de los períodos más oscuros del pueblo de Israel. El reino del norte (10 tribus) fue deportado a Asiria y el reino del sur (2 tribus) estaba por experimentar lo mismo, cautivo de otro poder mundial: Babilonia.

En Isaías del 40 al 54, encontramos palabras que Dios habló a Su pueblo durante un período dificultoso de su historia. Ellos estaban en el exilio y el templo y la ciudad Santa de Jerusalén estaban destruidos. El pueblo estaba disperso en las naciones extranjeras. Otros reyes y poderes, imperios y sus dioses habían tomado control de ellos.

Habían quedado atrás los días gloriosos del pasado. No tenían templo, ni país, ni identidad. El pueblo estaba desanimado, descorazonado y pensaba que Dios los había abandonado. Se decían unos a otros:

"Mi camino está escondido de Jehová, y de mi Dios pasó mi juicio" (Is. 40:27) 3

y también:

"Me dejó Jehová, y el Señor se olvidó de mí." (Is. 49:14).

Los días gloriosos de David y Salomón habían terminado. Israel ya no era más un reino independiente. Ellos se habían imaginado que mientras que el templo estuviese en Jerusalén, estarían a salvo, pero ahora el templo estaba destruido. El pueblo era descrito como *"Mas este es pueblo saqueado y pisoteado, todos ellos atrapados en cavernas y*

COMPARTIENDO VIDAS — LECCIÓN 1

escondidos en cárceles; son puestos para despojo, y no hay quien libre; despojados, y no hay quien diga: Restituid". (Is. 42:22; cf. 49:19-21)

Estaban desilusionados con Dios, creían que Dios no veía, Él no sabía y a Él no le preocupaba. Gradualmente se convencieron de que Dios no podía hacer nada por esa situación. Ya no esperaban nada de Dios. Sus canciones de los días pasados habían terminado. El Salmo 137 expresa los sentimientos de ellos en ese tiempo.

"Junto a los ríos de Babilonia, allí nos sentábamos, y aun llorábamos, acordándonos de Sion. Sobre los sauces en medio de ella colgamos nuestras arpas. Y los que nos habían llevado cautivos nos pedían que cantásemos, Y los que nos habían desolado nos pedían alegría, diciendo: Cantadnos algunos de los cánticos de Sion. ¿Cómo cantaremos cántico de Jehová en tierra de extraños?" (Sal. 137:1-4).

El pueblo estaba convencido de que el poder de Dios estaba limitado por la frontera de la Tierra Prometida.

Estaban desalentados, deprimidos, inseguros y amedrentados.

Para este tiempo oscuro de la historia de Israel, el profeta Isaías dio palabras de Dios para consolarlos (Is. 40:1) y al hacerlo, constantemente les dice "no temas" (p.ej. Is. 40:9, 41:10, 13, 14; 43: 1, 5; 44: 2, 8; 51:7, 12; 54:4, 14).

Dios quiere ayudar a Su pueblo a vencer su temor haciendo que se concentren en Él:

"...no temas; di.... ¡Ved aquí al Dios vuestro!" (40:9).

Dios consuela a su pueblo atemorizado revelándose más a Sí mismo:

"Yo, yo soy vuestro consolador. ¿Quién eres tú para que tengas temor...?... ya te has olvidado de Jehová tu Hacedor... todo el día temiste continuamente del furor..." (Is. 51:12, 13).

De esta parte de la Biblia que comienza con las palabras: *"Consolaos, consolaos, pueblo mío, dice vuestro Dios."* (Is. 40:1) y termina con las palabras: *"Ninguna arma forjada contra ti prosperará, y condenarás*

| LECCIÓN 1 | COMPARTIENDO VIDAS | |

toda lengua que se levante contra ti en juicio. Esta es la herencia de los siervos de Jehová, y su salvación de mí vendrá, dijo Jehová." (54:17), podemos aprender cinco aspectos de Dios que nos pueden ayudar para lidiar con nuestro temor del Islam:

A   Dios promete estar con nosotros pase lo que pase

"No temas, porque yo estoy contigo." (Is. 43:5) (cf. Is. 41:10)

Una de las razones por las que el pueblo de Dios no debería temer, cualesquiera sean las circunstancias en las que estuviésemos, es porque Dios ha prometido estar presente con nosotros. Dios estará con nosotros (41: 10, 43:5), Él no nos abandonará (Is. 41:17; 42:16) y Él no nos olvidará (44:21; 49:15).

Esto no es una garantía de una vida sin problemas. Habrá pruebas y dificultades pero nada puede dañarnos realmente. *"No temas... Cuando pases por las aguas, yo estaré contigo"*. (Is. 43:1-2) La presencia de Dios nos conforta en circunstancias de temor.

B   El plan de Dios prevalece pase lo que pase

"... que anuncio lo por venir desde el principio, y desde la antigüedad lo que aún no era hecho; que digo: Mi consejo permanecerá, y haré todo lo que quiero... Yo hablé, y lo haré venir; lo he pensado, y también lo haré." (Is. 46:10, 11)

En su deseo de confortar a Su pueblo y ayudarlo a dominar a sus temores, Dios quiere que nos enfoquemos en lo que Él es:

B.1   Él es el Creador Soberano

"Yo, yo soy vuestro consolador. ¿Quién eres tú para que tengas temor del hombre, que es mortal, y del hijo de hombre, que es como heno? Y ya te has olvidado de Jehová tu Hacedor, que extendió los cielos y fundó la tierra; y todo el día temiste continuamente del furor del que aflige, cuando se disponía para destruir. ¿Pero en dónde está el furor del que aflige?" (Is. 51:12, 13)

COMPARTIENDO VIDAS LECCIÓN 1

En los tiempos que nos inunda el miedo, cuando la tormenta nos rodea, cuando los fundamentos de nuestra vida parecen destruirse, Dios quiere que recordemos que Él es nuestro Creador Soberano. Nuestro Dios es el único Creador de todas las cosas (44:24; 48:13; 51:16). Él pesa y mide (40:12) el cielo y la tierra, las aguas y las montañas (40:12), los bosques y los animales (40:16); las estrellas y los planetas (40:26) y también las naciones y las islas (40:15). Los gobernantes y todos los pueblos de la tierra deben su existencia al Dios eterno, al Creador de los confines de la tierra (40:28). Es el Creador Soberano que da aliento a Su pueblo y vida a todo lo que camina en el planeta tierra (42:5).

Él creó los cielos y la tierra con un propósito (45:18). Él es el Creador Soberano que no necesita ayuda de nadie (40:13, 14; 44:24). Podemos confiar en Su poder, Su sabiduría y Su propósito, a pesar de que no siempre lo entendemos.

Los pueblos y los poderes que nos parecen impresionantes y que nos causan temor son como una gota en un cubo (40:15) o como langostas (40:22) o como arcilla (45:9) en las manos del Creador Soberano.

B.2   Él es el Juez de toda la tierra

"Escuchadme, costas, y esfuércense los pueblos; acérquense, y entonces hablen; estemos juntamente a juicio." (Is. 41:1)

Dios llama a las naciones y a sus ídolos a presentar su caso y a exponer sus argumentos (Is. 41:19-25) y a traer a sus testigos (43:9-21), para juntarlos y reunirlos (45:20). Isaías nos da una imagen de nuestro Dios justo llamando a todas las naciones, a todos los pueblos para reunir sus fuerzas y venir delante de Él para el juicio. Dios es el juez de toda la tierra. Él llama a todas las naciones a dar cuentas de sus vidas, de sus religiones y de sus pensamientos. Ellos vienen a Su tribunal. Él es el juez de todo y en Su tiempo justo, Él dictará sentencia para cada una de las personas.

Él está comprometido con la justicia y la rectitud. Su justicia llegará a ser luz de las naciones (51:4), Su brazo traerá justicia a las naciones

LECCIÓN 1　　　COMPARTIENDO VIDAS

(51:5) y Su justicia nunca fallará (51:6). Aunque la injusticia ahora parece gobernar el mundo, Dios, el Juez de la tierra, enderezará las cosas a Su tiempo y llegará el momento cuando toda rodilla se doblará delante de Él y toda lengua confesará Su Señorío (45:23). La seguridad del juicio de Dios al fin de los tiempos nos permite evitar tomar las cosas con nuestras propias manos en medio de todo esto.

B.3   Él es Rey de reyes

"¿Quién despertó del oriente al justo, lo llamó para que le siguiese, entregó delante de él naciones, y le hizo enseñorear de reyes; los entregó a su espada como polvo, como hojarasca que su arco arrebata? Los siguió, pasó en paz por camino por donde sus pies nunca habían entrado." (Is. 41: 2, 3)

Dios humilla y hace polvo a los príncipes y gobernadores que parecen muy impresionantes y que en el presente causan tanto daño (40: 23). Él usa a los líderes políticos, que piensan que llevan a cabo sus propios planes, para cumplir Sus propósitos eternos (41:25 y sig.; 44:28; 45:1-13).

Todos los pasajes de Isaías se refieren principalmente a Ciro, rey de Persia, a quien Dios llama "mi pastor", que cumplirá todo lo que Dios desea (44:28) y "mi ungido" (45:1).

Tenemos una imagen de Dios que levanta a un rey y lo guía a la conquista y le entrega las naciones. Dios es el Rey de los reyes de la historia. Él controla los asuntos de los hombres y las naciones para Sus propósitos. Dios terminará con los imperios malvados de este mundo (como Babilonia en los tiempos de Isaías), a pesar de que ellos piensen que su poder va a durar para siempre (47:7). En Su soberanía, Dios usó a las naciones extranjeras para castigar a Israel (47:6).

B.4   Él es el Primero y el Último

"¿Quién hizo y realizó esto? ¿Quién llama las generaciones desde el principio? Yo Jehová, el primero, y yo mismo con los postreros. "(Is. 41:4; cf. 43:10; 44:6; 48:12)

COMPARTIENDO VIDAS   LECCIÓN 1

Dios está en control del curso de los eventos humanos. Dios es el primero, Él es la absoluta realidad entre toda otra realidad y de esa realidad dependen todas las realidades. Él es el primero increado. Él es eterno (40:28). Y él estará al final cuando todo se haya cumplido de acuerdo a Sus propósitos eternos. Él conoce el final desde el principio (44:7; 46:10; 48:3). Él conoce el futuro (45:11).

La historia humana no es una combinación al azar y sin sentido de eventos sin dirección; hay un Dios en el cielo que dirige los eventos humanos hacia una resolución final y un cumplimiento final.

Esto significa que, sin duda alguna, *existe* un plan de Dios para la historia humana y Él dirige el camino de los eventos humanos para cumplir lo que Él diseñó.

Si Dios es tanto el primero como el último, entonces Él también tiene autoridad sobre todo, dirige toda la historia humana y aun nuestras vidas individuales.

El hecho de que Dios se llame a sí mismo el Primero y el Último también se refiere a que Él es el único poder real, la única autoridad real, la realidad máxima, el Único Salvador: *"Yo, yo Jehová, y fuera de mí no hay quien salve"* (43:11, también 44:8; 44:24; 45:5, 6, 18, 21, 22; 46:9, 10).

Jesús toma el mismo título, el Primero y el Último en Apocalipsis 1:17 y 22:13.

Para debatir:

- *Dios es el Señor soberano de la historia. ¿Qué nos enseña esto acerca del establecimiento del Islam en el siglo VI a.C.?*
- *A la luz de la soberanía de Dios, ¿cómo deberíamos ver a los musulmanes fundamentalistas y los grupos como los Talibanes y Al-Qaeda? Estos pueblos y grupos ¿podrían ser usados por Dios para llevar a cabo Sus propósitos? Si es así, ¿cuáles serían estos propósitos?*

LECCIÓN 1   COMPARTIENDO VIDAS

> - ¿Cuál es la relación entre la soberanía de Dios y la llegada de millones de musulmanes a Europa? Al discutir esto, observa lo que dijo el Apóstol Pablo: "Dios… les ha prefijado el orden de los tiempos, y los límites de su habitación; para que busquen a Dios, si en alguna manera, palpando, puedan hallarle." (Hechos 17: 26-27).
> - ¿Cómo podemos ayudar a los musulmanes a buscar y a encontrar a Dios?

C   Dios está comprometido con Su pueblo pase lo que pase

"Pero tú, Israel, siervo mío eres; tú, Jacob, a quien yo escogí, descendencia de Abraham mi amigo. Porque te tomé de los confines de la tierra, y de tierras lejanas te llamé, y te dije: Mi siervo eres tú; te escogí, y no te deseché."(Is. 41: 8, 9)

"No temas, porque yo te redimí; te puse nombre, mío eres tú." (Is. 43:1)

En el tiempo del que Isaías habló, el pueblo de Dios pensaba que todo se había terminado. Otros poderes parecían más fuertes mientras que su propio futuro parecía desolador. En nuestro tiempo, muchos cristianos de Europa temen que la iglesia de Europa desaparezca y que el Islam tome su lugar. Ellos ven iglesias que se convierten en mezquitas y comprueban cómo se está desvaneciendo la influencia del Cristianismo en la sociedad. En contraposición a esta información, las palabras de Isaías todavía son relevantes. Isaías, al dirigirse al pueblo de Dios de sus días e indirectamente a los cristianos de Europa del siglo XXI, enfatiza el hecho de que ellos son preciosos a Sus ojos (43:4); ellos están esculpidos en las palmas de Sus manos (49:16).

Dios no se avergüenza de llamarse su Dios (40:1, 43:3), su Salvador (43:3), Redentor (43:14) y Rey (43:15). Él les asegura que lo ha hecho por su propia reputación (48:11; 43:7). Él los protege en tiempos de peligros (43:2; 54:17); Él los guía como un pastor (40:11); Él les ofrece

COMPARTIENDO VIDAS   LECCIÓN 1

Su ayuda (40:13, 14); Él los fortalece (41:10). Él los consuela (40:1; 51:12); Él promete darles un futuro brillante (42:14-16; 43:5, 6).

D   Los propósitos de Dios para Sus siervos involucran la cruz, pase lo que pase

La promesa de Dios de estar con nosotros y Su soberanía y compromiso con nosotros, no significa que Su pueblo no puede experimentar tiempos difíciles, persecución y sufrimiento. Al contrario, en esta parte de Isaías aprendemos que el sufrimiento es inseparable del cumplimiento de los propósitos eternos de Dios. En estos capítulos de Isaías encontramos cuatro "Canciones del Siervo" (42:1-9; 49:1-6, 50:4-9, 52:13-53:12). Cada pasaje habla de la figura de un Siervo al que el Señor le da una misión. La gran obra del Señor a favor de Israel y a favor de todo el mundo de la que se habla en Isaías, es llevada a cabo a través de la obra de esta figura. El carácter y el ministerio de este Siervo del Señor se cumplen en Jesús. El Siervo del Señor aparece como una figura que trae el regreso del exilio, que resulta ser no simplemente un regreso geográfico sino un regreso espiritual. Es a través de este Siervo que se cumplirán los propósitos de Dios. Es significativo que tres de las cuatro Canciones del Siervo, hablan del sufrimiento. En la segunda (49: 4, 7) y la tercera (50:6), no es tan prominente, pero en la cuarta el sufrimiento juega una parte prominente. Si el Siervo del Señor no pudo evitar el sufrimiento en su camino a la gloria y para cumplir los propósitos de Dios, es evidente que el dolor, el sufrimiento y la persecución son un aspecto normal de seguir a Jesús. Este amor de Jesús que se entrega a sí mismo por Su pueblo, es un modelo a seguir en nuestra relación con los musulmanes.

6   El temor del Señor para vencer el temor

¿Quién hay entre vosotros que teme a Jehová, y oye la voz de su siervo? El que anda en tinieblas y carece de luz, confíe en el nombre de Jehová, y apóyese en su Dios. (Isaías 50:10)

LECCIÓN 1   COMPARTIENDO VIDAS

En esta parte de la Biblia adonde el Señor consuela a su temeroso pueblo haciendo que ellos se enfoquen en Él, les dice más de diez veces "no temáis". Se nos anima a no temer a los hombres, a los gobernantes, las situaciones, nuestro futuro, las injusticias que se hacen, etc. Pero también se nos anima a temer, lo que se denomina "el temor del Señor". Temores grandes expulsan a temores pequeños. Es a Dios quien debemos temer más que a nada más. La expresión "el temor de Dios" se refiere a una actitud de respeto, confianza, sumisión y obediencia. Temer a Dios es ser consumido por Su presencia.

> "Cuando nos desorientamos a nosotros mismos temiendo menos a Dios que a otra cosa, estamos en problemas. Cuando tememos a algo más, nos olvidamos de temer a Dios. ...En la presencia de Dios, todos los temores humanos desaparecen como el humo frente al viento. ...El temor de Dios no nos aleja de Dios, nos atrae hacia Él. Es solo cuando nuestro temor de Dios vence nuestro temor al mundo cuando podemos superar verdadera y productivamente nuestros temores en el mundo."[2]

Mientras más tememos al Señor menos tememos a los hombres y las circunstancias. El temor del Señor nos ayuda a vencer el temor de los hombres así como lo indica David en el Salmo 112:

"Bienaventurado el hombre que teme a Jehová... No tendrá temor de malas noticias; su corazón está firme, confiado en Jehová." (Sal. 112: 1, 7)

Tarea

La principal tarea para esta lección y como preparación para la próxima es: LA ORACIÓN. Particularmente oración para cambiar: cambio en el mundo del Islam en general y cambio en nuestros corazones en relación con los musulmanes en particular. Queremos animarte a orar diariamente por los musulmanes: puede ser por los musulmanes de los que escuchas por las noticias o por gente de la que has escuchado

---

[2] Allender and Tremper Longman III, 102,103.

COMPARTIENDO VIDAS   LECCIÓN 1

hablar o conoces personalmente. Ora para que Dios los transforme en Sus discípulos.

1. Examina tu vida (pídele a Dios que te ayude a ver puntos oscuros): ¿hay algunas áreas en tu vida en las que el temor a los hombres o circunstancias es mayor que el temor de Dios? ¿Cómo puedes aplicar las lecciones de Isaías del capítulo 40 al 55 a esas situaciones?
2. También queremos animarte a examinar tu actitud hacia el Islam y los musulmanes durante tu tiempo de oración. Para hacer esto de la manera más práctica posible, te sugerimos que tomes el papel que usaste al comienzo de esta lección, el que usaste para escribir tus pensamientos e imágenes del Islam y los musulmanes y cómo piensas que será o te gustaría que fuese el Islam dentro de los próximos 20 años.

> **Usa el contenido de este papel durante tu tiempo de oración hasta la próxima lección relacionándolo con la lectura de los siguientes Salmos:**
>
> **Día 1: Salmo 137**
> **Día 2: Salmo 109**
> **Día 3: Salmo 55**
> **Día 4: Salmo 69**
> **Día 5: Salmo 56**
> **Día 6: Salmo 27**
> **Día 7: Salmo 91**
>
> *Responde en cada Salmo: ¿qué lección de este Salmo puedo aplicar con respecto a mi actitud y mi visión de los musulmanes y el Islam?*

Muchos de estos Salmos son los llamados "Salmos imprecatorios", en los que el escritor le pide a Dios que castigue a sus enemigos. A muchos cristianos les resulta difícil considerar estos Salmos en armonía con el amor de Dios y Su mandamiento de amar a nuestros enemigos.

LECCIÓN 1 — COMPARTIENDO VIDAS

Pero esto no es una contradicción. Orar con estos Salmos significa reconocer la verdad de Romanos 12:17-21 (citando Deuteronomio 32: 35) es decir:

"No paguéis a nadie mal por mal; procurad lo bueno delante de todos los hombres. Si es posible, en cuanto dependa de vosotros, estad en paz con todos los hombres. No os venguéis vosotros mismos, amados míos, sino dejad lugar a la ira de Dios; porque escrito está: Mía es la venganza, yo pagaré, dice el Señor."

Estos Salmos nos enseñan que en nuestra interacción con nuestro Padre celestial, hay lugar para nuestras emociones, incluso para nuestras emociones negativas. Cuando venimos con nuestra ira, nuestro temor, nuestra ansiedad y nuestro prejuicio delante nuestro amoroso, lleno de gracia, santo y justo Dios, nuestros sentimientos negativos pueden descansar en Su presencia y Él puede enseñarnos lo que significa tener gracia y perdonar, así como Él lo hace.

Salmo 137

Este Salmo expresa los sentimientos post-traumáticos del pueblo de Dios exiliado en Babilonia. Ellos han experimentado una violencia terrible y han sido arrancado de sus hogares y obligados a vivir bajo un régimen extraño. Están llenos de aflicción y desesperación. Quieren saber qué hará Dios con esa situación. Quieren justicia y venganza.

> "La osadía de expresar un deseo de venganza en el contexto de la adoración a Dios, quien es amor, puede llevar a la agónica comprensión de que el 'estrellar contra la roca' algún bebé sería insufrible."[3]

Salmo 109

En este salmo oímos la voz de David que está lleno de ira por un asalto de injusticia. Estaba enojado. Quería venganza, un castigo que alcance a la familia completa del hombre que lo había perjudicado. Deseaba

---

[3] Ida Glaser: 'We Sat Down and Wept': Biblical Babylon and Israel as Resources for Conflict Situations, *The Round Table*, Vol 94, No. 382, 641-651, Octubre 2005.

COMPARTIENDO VIDAS — LECCIÓN 1

que el perjuicio volviera hacia quienes le habían causado su agonía. Reflexiona acerca del lugar del enojo en la vida cristiana.

Salmo 55

En este salmo David expresa su gran ansiedad y temor. El peligro que lo asechaba había llenado su mente con tal furia obsesiva que no podía pensar en nada más. Un amigo cercano había traicionado su confianza y lo había lastimado mucho. El deseo de David era huir del peligro. Pero, de acuerdo con la parte final del salmo, no huyó hacia el desierto, sino hacia Dios. Él sabía que Dios respondería a sus temores con Su divina presencia.

Salmo 69

En este salmo encontramos la divina bondad en medio del dolor. El Salmo 69 nos da un buen ejemplo de la transición del sufrimiento y el temor a la gloria y el descanso. Dado que la visión de David cambia de su sufrimiento hacia Dios, hay un abrupto cambio de humor en el final: del dolor al gozo (versículos 30-36).

Salmo 56

Este es otro salmo en el que David trae sus temores delante del Señor. El salmo expresa una paradoja: "En el día que temo, yo en ti confío. En Dios he confiado; no temeré" ¿Reconoces esta paradoja en tu vida?

Salmo 27

En este salmo David reconoce que Dios es más grande que sus temibles circunstancias. Quizás estas no cambian, pero en la presencia de Dios se puede tener paz en medio de ellas.

Salmo 91

Este salmo enseña que, en tiempos de peligros, cuando las circunstancias difíciles y personas malvadas nos desafían, podemos escondernos en la presencia de Dios.

LECCIÓN 2   COMPARTIENDO VIDAS

LECCIÓN DOS:
DESARROLLANDO UNA ACTITUD DE GRACIA

Objetivo: ayudar a los participantes a entender la importancia de la gracia de Dios en la Biblia y en nuestras propias vidas particularmente en relación con el Islam y los musulmanes.

> **Para hacer:**
> Debatir la tarea de la lección 1.
> ¿Qué aprendiste?

1   Introducción

En la lección 1 hemos reflexionado sobre nuestra actitud hacia el Islam y los musulmanes. Cuando traemos nuestros sentimientos negativos de temor, nuestro prejuicio y nuestra ansiedad delante del Señor, damos lugar a un crecimiento con otra actitud, es decir: la gracia. Este es el tema de esta segunda lección. Queremos reflexionar sobre la gracia de Dios en la vida de Jonás y de su resistencia a ser un instrumento de gracia.

Queremos ayudarte a crecer en el entendimiento de la importancia de la gracia en la Biblia y en nuestras vidas y nos gustaría explicarte lo que significa tener una actitud de gracia hacia los musulmanes.grace

> **Para hacer:**
> Toma un trozo de papel y escribe tu descripción de lo que significa la "Gracia".
>
> **Debate:**
> C.S. Lewis una vez dijo:
> *"La característica distintiva del Cristianismo en relación a religiones del mundo es la gracia."*
> ¿Estás de acuerdo con esto? Explica tu respuesta.

COMPARTIENDO VIDAS   LECCIÓN 2

2 Lecciones sobre la gracia en la vida de Jonás

"Entonces oró Jonás a Jehová su Dios desde el vientre del pez, y dijo: Invoqué en mi angustia a Jehová, y él me oyó; desde el seno del Seol clamé, y mi voz oíste." (Jon. 2: 1, 2)

Jonás huyó del Señor, él estaba bajo Su juicio. A pesar de esto, él oró a Dios para pedirle ayuda. Y el Señor le respondió con gracia. Cuando estaba adentro del pez, Jonás tomó conciencia de su dependencia de la gracia de Dios y clamó: "La Salvación es de Jehová." (2:9). El pez simboliza la gracia de Dios en la vida de Jonás. Una persona culpable no tiene derecho a la gracia. Nosotros, que conocemos muy bien la historia de Jonás, a menudo no podemos ver el alcance de la gracia y la compasión de Dios manifestado aquí. El Señor quiere enseñarnos a tener gracia en lugar de una actitud de orgullo y juicio. Él quiere que nuestros corazones se ensanchen de compasión como el Suyo. En la historia de Jonás, sin embargo, aprendemos que Jonás todavía no había comprendido la lección:

"Ahora, oh Jehová, ¿no es esto lo que yo decía estando aún en mi tierra? Por eso me apresuré a huir a Tarsis; porque sabía yo que tú eres Dios clemente y piadoso, tardo en enojarte, y de grande misericordia, y que te arrepientes del mal." (Jon. 4:1, 2)

Lo que Jonás sospechaba y la razón por la cual había desobedecido al llamado de Dios de ir a Nínive, se hizo realidad: Dios perdonó al pueblo de Nínive y les mostró gracia en vez de juicio. En el capítulo 4 de este libro aprendemos sobre el amor y la paciencia de Dios con Jonás. Dios no estaba satisfecho con el mero cumplimiento del mandato, que era lo que hizo Jonás cuando predicó el juicio en el capítulo 3. Lo que Dios quería que Jonás aprendiese era tener gracia como Dios tenía con él. El corazón de Jonás no había cambiado desde su llamado original en el capítulo 1.

Dios le preguntó a Jonás: "¿Haces tú bien en enojarte tanto?" (4:4) Dios estaba llamando a Jonás para que se examinase a sí mismo y para que examinase su actitud hacia el pueblo al que Dios lo había llamado.

LECCIÓN 2 **COMPARTIENDO VIDAS**

A pesar de que Jonás hizo una hermosa declaración teológica (en el vs. 4:2), el resto del capítulo demuestra que una buena teología no nos lleva automáticamente a tener un estado mental y una actitud de corazón que estén de acuerdo con esa teología. Por eso, se le pidió a Jonás que se examinase a sí mismo.

Piensa en esto: si alguien tenía derecho a estar enojado con el pueblo de Nínive, era Dios que odia el pecado y la violencia. Aun así Él eligió ofrecer gracia y perdón a los pecadores y la gente violenta. Por eso, en la pregunta de Dios hay otra pregunta implícita: "¿quién es Jonás para estar enojado cuando Dios elige no destruir a Nínive?" Jonás sabía lo que dice el Pentateuco: "Mía es la venganza y la retribución" (Deuteronomio 32:35). Ésa era la responsabilidad de Dios, no la de Jonás. El problema de Jonás era que quería controlar a Dios.

Nosotros jugamos a ser Dios cuando continuamente nos enojamos con las personas o los grupos de personas a las que Dios perdona, cuando tomamos su castigo en nuestras propias manos a través de nuestra actitud negativa, nuestras palabras vengativas o incluso con nuestras acciones hostiles y destructivas. Estamos corriendo delante de Dios aplicando lo que pensamos que la justicia demanda. Dios nos pregunta lo mismo que le preguntó a Jonás: "¿Haces bien?" Y la única repuesta correcta debería ser: "No, Señor, no hago bien, eso no me corresponde. No hago bien en enojarme." Aquellos que se benefician con la compasión de Dios no tienen derecho a quejarse contra la soberana extensión de la gracia de Dios a los demás, sin importar lo inmerecida que sea.

> **Para debatir:**
> Para Jonás fue muy difícil ser una persona que manifestaba gracia. ¿Reconoces esto mismo en ti? ¿En qué situaciones te resulta difícil tener gracia con los demás?

COMPARTIENDO VIDAS   LECCIÓN 2

3   Una descripción de la gracia

"... por la gracia de Dios soy lo que soy..." (1 Co. 15:9-11)

Alguien definió la gracia como "las riquezas de Dios a expensas de Cristo".

Una de las definiciones más conocidas de la gracia es "el favor inmerecido de Dios". La palabra gracia en griego es *charis*. Su idea básica es simplemente "favor no ganado o no merecido, regalo no ganado, favor o bendición otorgado como regalo, gratis y nunca obtenido como mérito por una obra realizada." El término hebreo usado como gracia significa "agacharse, doblarse". Incluye la idea de "favor benevolente" (Sal. 18:35).

La gracia es "lo que Dios hace por la humanidad a través de Su Hijo, algo que la humanidad no ganó, algo que no merece y nunca merecerá. En la Biblia, la gracia de Dios se describe como gloriosa (Efesios 1:6), abundante (Hechos 4:33), una riqueza incomparable (Efesios 1:7; 2:7), multiforme (de muchos aspectos, multicolor, 1 Pedro 4:10) y suficiente (2 Co. 12:9). Cuando estudiamos el concepto de la gracia en la Biblia, notamos tres cosas: 1) 2); 3).

1. La gracia es parte de lo que Dios es
2. la gracia se relaciona con todas las doctrinas principales de la Biblia
3. la gracia debe verse y reconocerse en las vidas de los cristianos

Ahora vamos a ver brevemente a cada uno de estos tres aspectos.

3. A   La Gracia es parte de lo que Dios es

3.A.1 Encontramos la gracia de Dios a través de la Biblia

En el Nuevo Testamento encontramos veinte veces el término "gracia de Dios"[4].

---

[4] Lucas 2:40, Hechos 11:23, 13:43; 14:26; 20:24; Rom. 5:15; 1 Cor. 1:4; 3:10; 15:10; 2 Cor. 1: 12; 6:1; 8:1;9:14; Gal. 2:21; Col.1:6; Tit. 2:11; Hebr. 2:9; 12:15; 1 Pedro. 4:10; 5:12.

Esta frase expresa quién es la fuente de la gracia. Dios es llamado "el Dios de toda gracia" (1 P. 5:10), que reina como soberano en el "trono de la gracia" (He. 4:16). El Espíritu de Dios es llamado "El Espíritu de gracia" (He. 10:28, 29). El Evangelio es llamado "el Evangelio de la gracia de Dios" (Hechos 20:24). La Palabra de Dios es llamada "La Palabra de Su gracia" (Hechos 20:32).

La doctrina de la gracia divina subyace en el pensamiento tanto del Antiguo como del Nuevo Testamento. De todas maneras, el Antiguo Testamento meramente anticipa y prepara la expresión completa de la gracia que llega a ser manifestada en el Nuevo Testamento. El primer uso de la palabra gracia en la Biblia está en la traducción de Génesis 6:8 de la Septuaginta adonde leemos que *"Noé halló gracia ante los ojos de Jehová."* Una de las últimas palabras de Dios en la Biblia es sobre la gracia: *"El que da testimonio de estas cosas dice: Ciertamente vengo en breve. Amén; sí, ven, Señor Jesús. La gracia de nuestro Señor Jesucristo sea con todos vosotros. Amén."* (Ap. 22:20, 21)

3.A.2 Jesús es la manifestación máxima de la gracia de Dios

Y aquel Verbo fue hecho carne, y habitó entre nosotros (y vimos su gloria, gloria como del unigénito del Padre), lleno de gracia y de verdad. Porque de su plenitud tomamos todos, y gracia sobre gracia... Pues la ley por medio de Moisés fue dada, pero la gracia y la verdad vinieron por medio de Jesucristo. (Juan 1: 14, 16, 17)

Cuando Pablo le escribió a Tito sobre la primera venida de Cristo, él escribió: "Porque la gracia de Dios se ha manifestado para salvación a todos los hombres." (Tito 2:11) La gracia de Dios es más que un atributo divino, es una Persona divina, es Jesucristo. Jesucristo no solo fue Dios encarnado sino fue la gracia encarnada. Él mismo personifica y expresa la gracia de Dios.

3.B La Gracia se relaciona con todas las doctrinas principales de la Biblia

Porque por gracia sois salvos por medio de la fe; y esto no de vosotros, pues es don de Dios; no por obras, para que nadie se gloríe. (Ef. 2:8, 9)

COMPARTIENDO VIDAS LECCIÓN 2

La gracia está en el corazón mismo, de hecho, es el fundamento mismo de la fe cristiana. Toca cada área de la verdad o la doctrina de una u otra manera. Todo aspecto de la doctrina está relacionado con la gracia.

Somos declarados justos como un regalo de la gracia de Dios (Tito 3:4-8; Ro. 3:21-24). Somos salvos por gracia (2 Ti. 1:9; Hechos 15:8-12). Somos perdonados, redimidos, adoptados como hijos de Dios por gracia (Ef. 1: 3-8; Hch. 18: 26-28). Somos llamados y elegidos por gracia (2 Ti. 1:7-10; Gá. 1:6; 13-17; Ro. 11: 5, 6). Nuestra esperanza futura y nuestra seguridad eterna están basadas en la gracia (2 Ts. 2:15-17; 1 P. 1:13-15; Ro. 5:1, 2).

La gracia es costosa. En su primera carta, en la que Apóstol Pedro escribió mucho acerca de la gracia (1:2, 10, 13, 2:19, 20; 3:7; 4:10, 5:10, 12), él recuerda a sus lectores que no somos redimidos con cosas perecederas como la plata o el oro, sino por la "preciosa sangre de Cristo" (1:19).

Qué sorprendente paradoja divina: la gracia fue inmensurablemente costosa para Dios y aun así es incondicionalmente gratuita para todos los hombres. La Gracia es el favor de Dios ofrecido gratuitamente pero ¡manifestada con un muy alto precio!

En 1 Corintios 15:10, el Apóstol Pablo escribe:

"Pero por la gracia de Dios soy lo que soy; y su gracia no ha sido en vano para conmigo" (1 Co. 15:10).

En este testimonio vemos una excelente ilustración de la aplicación práctica de la gracia. Lo que distingue a un hijo de Dios es que por la gracia de Dios, él es lo que es.

3.C La gracia debe verse y reconocerse en nuestras vidas

"Este (Bernabé), cuando llegó, y vio la gracia de Dios, se regocijó..." (Hechos 11:23)

Como la gracia es tan parte de lo que Dios es y como es la base de nuestra salvación y de todo don perfecto de nuestro Padre celestial, debería ser normal que la gracia juegue un rol fundamental en las vidas de los cristianos y debería verse en todo lo que somos y todo lo que hacemos. Cuando Bernabé llegó a Antioquía, vio la gracia de Dios en las vidas de los creyentes. Los apóstoles vieron la gracia de Dios en Pablo, le dieron la mano derecha en señal de compañerismo (Gá. 2:9) La gracia es algo que debe verse y reconocerse en nuestras vidas. La gracia a veces es llamada "amor en acción". Al haberla recibido de Dios y al recibirla aún diariamente y en abundancia, la gracia transforma nuestro ser y guía nuestras acciones.

Sin embargo, los cristianos no siempre son conocidos por tener gracia.

"Las dos causas principales de los problemas emocionales entre los cristianos evangélicos son no entender, no recibir y no vivir de acuerdo a la gracia incondicional y el perdón de Dios, y no dar amor incondicional, perdón y gracia a los demás... Leemos, escuchamos y creemos en una buena teología de la gracia pero no vivimos de acuerdo a ella. La buena nueva del Evangelio de la gracia no ha penetrado a nivel de nuestras emociones."[5]

Por eso, es bueno que miremos brevemente lo que nos enseña la Biblia acerca de cómo debe verse el obrar de la gracia en nuestras vidas:

3.C.1 La gracia nos da poder para vivir vidas cambiadas y piadosas

Porque la gracia de Dios se ha manifestado para salvación a todos los hombres, enseñándonos que, renunciando a la impiedad y a los deseos

---

[5] David A. Seamands, *Healing for Damaged Emotions,* (Scripture Press, Victory Books, USA, 1991), 32.

COMPARTIENDO VIDAS   LECCIÓN 2

mundanos, vivamos en este siglo sobria, justa y piadosamente. (Tito 2:11, 12)

En estos versículos y también en Tito 3:3-8, Pablo hace una conexión clara entre la doctrina de la gracia y las vidas de los cristianos. La gracia de Dios trae como resultado vidas cambiadas. La gracia trae salvación pero no termina allí, porque entonces la gracia da poder al creyente para tener satisfacción diaria. La gracia nos da poder para vivir de una manera diferente, nos da poder para decir no a lo impío y a las pasiones mundanas, para vivir una vida con dominio propio, vidas honestas y piadosas que hacen lo bueno (Tito 3:8). La doctrina cristiana se predica de la manera más efectiva a través de la conducta de un cristiano. Lo que creemos determina nuestra conducta. La gracia no nos da licencia para hacer lo que se nos plazca sino que nos da poder para hacer lo que debemos.

3.C.2 La Gracia evita que nos transformemos en personas amargadas y nos da libertad para perdonar y dejar libre a los demás

Seguid la paz con todos, y la santidad, sin la cual nadie verá al Señor. Mirad bien, no sea que alguno deje de alcanzar la gracia de Dios; que brotando alguna raíz de amargura, os estorbe, y por ella muchos sean contaminados. (Hebreos 12:14, 15)

La gracia nos libera de una actitud legalista que produce una amargura que contamina a muchos; el legalismo pone énfasis en lo que deberíamos hacer para Dios antes de lo que Él ha hecho por nosotros en Jesús.

Necesitamos gracia en nuestras relaciones interpersonales, una gracia que se expresa a través de la paciencia, el perdón, la sumisión y la libertad de permitir que Dios obre en la otra persona. Te libera de tratar de ser el Espíritu Santo en la vida de otra persona. Crecer en la gracia nos ayuda a gastar menos tiempo y energía criticando a los demás y preocupándonos por las elecciones de los demás y nos ayuda a llegar a ser más tolerantes y menos sentenciosos.

LECCIÓN 2　　　　**COMPARTIENDO VIDAS**

Ser una persona llena de gracia requiere dejar libres a los demás:

> **DEJAR LIBRE**
>
> Dejar libre no significa dejar de cuidar,
> significa que no puedo hacer las cosas por los demás.
> Dejar libre no es desconectarse de los demás,
> es darme cuenta de que no puedo controlar a los demás.
> Dejar libre no es posibilitar,
> sino dejar que los demás aprendan de las consecuencias naturales de sus actos.
> Dejar libre es admitir la impotencia y eso significa
> que el resultado no está en mis manos
> Dejar libre no es tratar de cambiar o culpar a los demás,
> yo solo puedo cambiarme a mí mismo.
> Dejar libre no es cuidar, pero sí interesarme.
> Dejar libre no es arreglar, sino dar apoyo.
> Dejar libre no es juzgar,
> sino permitir que el otro sea un ser humano.
> Dejar libre es no estar en el medio resolviendo todos los resultados,
> sino permitir que los demás obtengan sus propios resultados.
> Dejar libre no es ser protector,
> sino es permitir que los demás enfrenten la realidad.
> Dejar libre no es negar, sino aceptar.
> Dejar libre no es fastidiar, regañar o discutir
> sino buscar mis propios defectos y corregirlos.
> Dejar libre no es adaptar todo a mis deseos,
> sino aceptar cada día como viene.
> Dejar libre no es criticar ni regular la vida de nadie,
> sino tratar de llegar a ser lo que sueño que puedo ser.
> Dejar libre no es lamentarse por el pasado,
> sino crecer y vivir para el futuro.
> ¡Dejar libre es temer menos y amar más![6]

---

[6] Charles R. Swindoll, The Grace Awakening, (Milton Keynes, UK:Word Publishing, 1990), 146,147.

3.C.3 La Gracia nos recuerda que debemos seguir siendo humildes

Dios resiste a los soberbios, y da gracia a los humildes. (Santiago 4:6; 1 Pedro 5:5; Proverbios 3:34)

La humildad es tanto una condición como un resultado de la gracia. La gracia de Dios ayuda al creyente a entender que en su propia fuerza natural no puede vivir como Dios quiere, porque en última instancia, vivir de manera sobrenatural es algo que posibilita el Espíritu, algo que la gracia posibilita, en total, continua y completa dependencia de Su suficiente provisión.

3.C.4 La Gracia nos da fuerza sobrenatural para enfrentar circunstancias difíciles

"Y me ha dicho: Bástate mi gracia; porque mi poder se perfecciona en la debilidad." (2 Co. 12:9)

Pablo escribió que había sido llevado al tercer cielo y que se le había dado un aguijón en su carne para que no se exaltase a sí mismo. Pablo le suplicó tres veces al Señor que le quitara el aguijón. Respondiendo a Pablo, el Señor le dijo que Su gracia era suficiente. Si la gracia de Dios es suficiente para salvarnos, seguramente es suficiente para guardarnos y fortalecernos en tiempos de sufrimiento y debilidad. Dios permite que nos volvamos débiles para que podamos recibir Su fuerza.

3.C.5 La gracia influencia la manera en la que hablamos

Andad sabiamente para con los de afuera, redimiendo el tiempo. Sea vuestra palabra siempre con gracia, sazonada con sal, para que sepáis cómo debéis responder a cada uno. (Col. 4:5, 6)

La palabra 'gracia' aquí se refiere a ser agradable, encantador, cortés, íntegro, sensible, amable, correcto, gentil, reflexivo.

Nuestras palabras con gracia reflejan la gracia de Cristo, Quién usa nuestra gracia para atraer a otros a Su gracia salvadora.

LECCIÓN 2   COMPARTIENDO VIDAS

"Y todos daban buen testimonio de él, y estaban maravillados de las palabras de gracia que salían de su boca." (Lucas 4:22)

3.C.6 La gracia nos permite darnos a los demás

Asimismo, hermanos, os hacemos saber la gracia de Dios que se ha dado a las iglesias de Macedonia. (2 Co. 8:1)

Y poderoso es Dios para hacer que abunde en vosotros toda gracia, a fin de que, teniendo siempre en todas las cosas todo lo suficiente, abundéis para toda buena obra. (2 Co. 9:8)

En 2 Corintios capítulos 8 y 9, el apóstol Pablo escribe acerca de una ofrenda para los cristianos pobres en Jerusalén colectada entre las iglesias de los Gentiles. En estos capítulos, él usa la palabra "gracia" (charis) 10 veces. Él la usa como sinónimo de "dar" para los cristianos, lo que simplemente es el fluir de la gracia de Dios en y a través de nuestras vidas. Si genuinamente entendemos y apreciamos la gracia de Dios extendida a pecadores como nosotros, querremos expresar la gracia compartiéndola con los demás. La gracia de Dios abrirá nuestro corazón y nuestra mano, porque un corazón abierto no puede mantener su mano cerrada. A pesar de que el contexto se refiere a dar financieramente, podemos aplicarlo a otras maneras de dar (p.ej. tiempo, energía, amor, cuidado y compasión). Como Dios nos ha dado gracia de manera sobreabundante, nosotros podemos aplicarla a toda clase de formas de dar a los demás. Los creyentes son canales a través de los cuales la gracia de Dios puede fluir para suplir las necesidades de los demás.

Al ver la importancia de la gracia en la Biblia y en las vidas de los cristianos, no es de sorprender que la iglesia primitiva se recordara mutuamente la importancia la gracia. El saludo: "Gracia y paz sean a vosotros… etc.," ya sea al comienzo o como bendición final, era la frase común usada por Pablo y Pedro en sus cartas. (Gá. 1:1; Ef. 1:1; 2 Ti. 1:1; 1 P. 1:2; 2 P. 1:2)

COMPARTIENDO VIDAS   LECCIÓN 2

> **Para debatir:**
> En la parábola del Hijo Pródigo (Lucas 15: 11-32) Jesús da una hermosa ilustración de la gracia de Dios ("el padre" en la parábola) para sus hijos y también muestra lo difícil que es vivir por gracia y compartir la gracia con los demás. Lee esta parábola y debate sobre las siguientes preguntas:
> 1. ¿Cómo se evidencia la gracia del padre
>   a) hacia su hijo menor; b) hacia su hijo mayor?
> 2. ¿Qué evidencia encuentras en esta parábola sobre el hecho de que a ambos hijos les fue difícil aceptar la gracia?
> 3. El hijo mayor no estaba preparado para tener gracia con su hermano. ¿Entiendes esto y reconoces esta actitud en tu propia vida?

4   Desarrollando una actitud de gracia hacia los musulmanes

Hemos visto que la gracia está relacionada a lo que Dios es y a todo lo que Él hace y por lo tanto también debería ser una característica clave de los cristianos. Ahora queremos aplicar lo que aprendimos sobre la gracia a nuestra actitud hacia el Islam y los musulmanes. En lugar de temor, sospecha y prejuicio, nuestra respuesta hacia el Islam y los musulmanes debe ser una respuesta de gracia.

Steve Bell, define una actitud de gracia de la siguiente manera:

Una actitud de gracia es ... "la disposición para alterar el mecanismo predeterminado en nuestro cerebro que nos causa temor a lo que no es familiar en otra persona, estar preparado a dar a los demás el beneficio de la duda y hacer un esfuerzo para averiguar porqué se comportan de una determinada manera."[7]

---

[7] Steve Bell, *Grace for Muslim? The journey from fear to faith*, (Milton Keynes: Authentic Media, 2006), page 1.

Una actitud de gracia hacia los musulmanes implica los seis elementos siguientes:

4.1 Aplicar la Regla de Oro

En el Sermón de la Montaña, Jesús anima a sus seguidores:
"Así que, todas las cosas que queráis que los hombres hagan con vosotros, así también haced vosotros con ellos; porque esto es la ley y los profetas." (Mateo 7:12)

En obediencia a la así llamada "Regla de Oro", al tratar con el Islam y los musulmanes, deberíamos:

1) <u>Juzgar el Islam honestamente</u>
Cuando debemos evaluar el Islam, tenemos que usar el mismo criterio de crítica que queremos que se aplique a nosotros. No deberíamos comparar lo peor del Islam con lo mejor del Cristianismo.

2) <u>Ser conscientes de los errores pasados del Cristianismo</u>
En la historia de la Iglesia, encontramos muchos actos de violencia y otras atrocidades hechas en nombre del Cristianismo. Ser conscientes de esto podría hacernos tener más gracia por los demás, porque "al que escupe al cielo a la cara le cae".

3) <u>Observa la intención del musulmán</u>
Cuando miramos los temas esenciales en los que el Islam no está de acuerdo con el Cristianismo, deberíamos preguntarnos cuál fue la intención original de Mahoma en cada punto de la contradicción y de qué manera se proponía utilizarlo para guiar a un musulmán. Por ejemplo, muchos musulmanes señalan que las intenciones de Mahoma fueron mejorar la posición de las mujeres, en el contexto del mundo de su época.

También cuando hablamos con los musulmanes de nuestros países a menudo asumimos que conocemos sus intenciones en vez de preguntarles.

COMPARTIENDO VIDAS   LECCIÓN 2

4) <u>Evita caer en estereotipos</u>

Los estereotipos categorizan a la gente y reducen situaciones complejas a sus formas más simples sin entender toda la situación. Los estereotipos despersonalizan a los individuos. Deberíamos tener cuidado de atribuir a todos los musulmanes opiniones y conductas que son características de solo algunos musulmanes.

4.2   Amar a nuestro prójimo musulmán como nos amamos a nosotros mismos

El pueblo de Israel recibió directrices para saber cómo tratar a su prójimo, a los extranjeros que estaban en medio de ellos y a sus enemigos. Se les dijo que debían amar a su prójimo como a ellos mismos (Levítico 19:18); amar a los extranjeros como a ellos mismos (Levítico 19:34) y Jesús animó a Sus seguidores a amar a sus enemigos (Mateo 5:44). Los cristianos son animados a reflejar la actitud de Dios hacia su prójimo, los extranjeros y los enemigos.

Esto, entre otras cosas significa: no maltratarlos u oprimirlos, tratar de entenderlos (Ex. 22:21, 23:9); ser amables con ellos cuando están en dificultades (Ex. 23: 4, 5); bendecirlos, no vengarse y hacer el bien (Romanos 12:14-21; Proverbios 25:21, 22).

4.3   No dar falso testimonio contra mi prójimo (musulmán)

Uno de los Diez Mandamientos es no dar falso testimonio contra otras personas. (Éxodo 20:16). Aplicar esto al Islam, significa que cuando hablamos sobre el Islam, debemos tratar de ser lo más veraz posible. A veces, el temor puede llevar a la gente a exagerar situaciones (por ejemplo, en Números 13, los diez espías exageraron su percepción negativa de Canaán para impedir que Israel fuese allí.). Esencialmente, el Islam es lo que un musulmán dice que es. Deberíamos ser cuidadosos al interpretar el Corán y tomar versículos fuera de su contexto o sin tener en consideración cómo estos versículos han sido y son interpretados por los eruditos musulmanes. Debemos estar dispuestos a escuchar a los musulmanes y aprender a ver a través de sus ojos.

4.4 Disposición para reconocer los aspectos positivos del Islam

Abraham, pensó que "ciertamente no hay temor de Dios en este lugar", pero descubrió que había algunas personas fuera del pueblo de Israel (por ejemplo Abimelec, Rey de Gerar) con una reverencia real por Dios e incluso con una predisposición para escuchar y responder a una comunicación directa de Dios (Génesis 20:1-18).

Otro aspecto de nuestra actitud de gracia hacia los musulmanes es nuestra disposición a reconocer algunos aspectos positivos del Islam, Mahoma, la civilización islámica, su historia y su cultura. Deberíamos poder aprender sobre las buenas características de los musulmanes y el Islam. Deberíamos aprender de los musulmanes para nuestra propia relación con Dios. Deberíamos buscar rastros (ecos) de la gracia de Dios en el Islam. Deberíamos apreciar lo que hace al Islam una religión razonable y atractiva para millones de personas.

4.5 Habilidad para ver a los musulmanes como seres humanos

La gracia de Dios nos permite ver a los musulmanes como seres humanos con una fe en particular, no como representantes de un sistema religioso. Es importante que veamos más allá del "velo" a una madre llamada Samira, que percibamos más allá del "musulmán", para ver a Hassan, un padre trabajador, que veamos más allá del rótulo "inmigrante musulmán", a un joven o a una jovencita Hossaine o Khadija, que tienen grandes esperanzas en el futuro, que descubramos los temores detrás de un musulmán enojado y fundamentalista, Samir A.

Encontremos a un amigo en un musulmán.

4.6 Reconozcamos algunas de las promesas en la Biblia que podrían aplicarse a los musulmanes

Una tradición ampliamente reconocida en el mundo árabe asocia a Ismael y sus descendientes con los árabes en general y con los árabes musulmanes en particular. De acuerdo con Tony Maalouf en su libro *Arabs in the Shadow of Israel* [Árabes a la Sombra de Israel]: "antiguos registros vinculan a árabes del norte con Ismael" y "para el primer siglo d.C., Ismael se había convertido en un gran símbolo para las tribus árabes del norte."[8]

A la luz de esto, es importante tener en mente que Dios ha dado sus promesas a los descendientes de Ismael. Dios promete bendecir a Ismael en respuesta a la oración de Abraham (Génesis 17:20). La elección de Isaac (e Israel) no significa automáticamente alienar a Ismael y sus descendientes del cuidado espiritual y material de Dios. Dios trata con gracia a Agar e Ismael. En Génesis 25:13-18, encontramos una lista de los hijos de Ismael, tales como **Nebaiot** y **Cedar**.

La Biblia contiene varias referencias proféticas para las tribus árabes, descendientes de Ismael:

"Cantad a Jehová un nuevo cántico, su alabanza desde el fin de la tierra; los que descendéis al mar, y cuanto hay en él, las costas y los moradores de ellas. Alcen la voz el desierto y sus ciudades, las aldeas donde habita **Cedar***; canten los moradores de Sela, y... den voces de júbilo. Den gloria a Jehová, y anuncien sus loores..."* (Is. 42:10-12)

"Multitud de camellos te cubrirá; dromedarios de Madián y de Efa; vendrán todos los de Sabá; traerán oro e incienso, y publicarán alabanzas de Jehová. Todo el ganado de **Cedar** *será juntado para ti; carneros de* **Nebaiot** *te serán servidos; serán ofrecidos con agrado sobre mi altar, y glorificaré la casa de mi gloria."* (Is. 60:6-8)

De acuerdo con varios de los Padres de la Iglesia Primitiva (p.ej. Justino Mártir) los Magos que vinieron del Oriente para adorar al Rey de los judíos, muy probablemente fueron árabes.

"Los regalos presentados al Rey de los judíos por los magos, representaban por excelencia, la fuentes de riquezas árabes. Los árabes

---

[8] Tony Maalouf, Arabs in the Shadow of Israel, (Grand Rapids MI: Kregel Publications, 2003), 45.

LECCIÓN 2   COMPARTIENDO VIDAS

eran los principales productores y traficantes de incienso y oro por siglos antes de Cristo. Le entregaban cada año treinta toneladas de incienso al rey de Persia como una muestra de lealtad. La profecía de Isaías 60:1-7 predijo la conversión de la riquezas de las naciones, principalmente árabes, al Mesías de Jerusalén al despuntar de la luz mesiánica sobre la nación de Israel. Por lo tanto resulta natural ver a los magos árabes ofreciendo su lealtad al Rey de reyes."[9]

Los magos árabes podrían ser los primeros frutos de la cosecha. Dios está trabajando en el mundo musulmán. Hay musulmanes viniendo a la fe en Cristo en todo el mundo. Dios se les revela a través de sueños y visiones. La iglesia está creciendo en muchos lugares en el mundo musulmán.

El profeta Isaías habló en contra de la tierra y la tribu de **Cus**, a quienes los eruditos modernos identifican como una tribu árabe, probablemente lo que hoy es conocido como Sudán del Norte. Isaías habla de ellos como *"la nación de elevada estatura y tez brillante, al pueblo temible desde su principio y después, gente fuerte y conquistadora, cuya tierra es surcada por ríos."* (Is. 18:2).

Él concluye su profecía con una hermosa promesa, es decir que esta misma gente que era tan temida, traerá regalos a Señor Todopoderoso, al lugar del nombre del Señor Todopoderoso:

En aquel tiempo será traída ofrenda a Jehová de los ejércitos, del pueblo de elevada estatura y tez brillante, del pueblo temible desde su principio y después, gente fuerte y conquistadora, cuya tierra es surcada por ríos, al lugar del nombre de Jehová de los ejércitos, al monte de Sion. (Is. 18:7)

¿Podemos creer que aquellos que provocan temor en muchos corazones en este momento, por ejemplo los musulmanes extremistas, puedan llegar a traer ofrendas de reverencia y respeto al Dios Todopoderoso?

---

[9] Maalouf, 218

COMPARTIENDO VIDAS LECCIÓN 2

Tarea

1. Lee varias veces la parábola del hijo pródigo (Lucas 15:11-32) antes de la próxima lección. ¿Con cuál de los tres protagonistas (padre, hijo menor, hijo mayor) te identificas a ti mismo? ¿Cómo es recibida y entregada la gracia por cada uno de ellos y en qué manera necesitas crecer para parecerte más al padre, que principalmente se lo ve como dador de gracia?

2. Toma la oración de San Francisco e incorpórala en tus oraciones la semana próxima.

Oración de San Francisco de Asís

Señor haz de mí un instrumento de tu paz,
Que allí donde haya odio que yo ponga amor;
Allí donde haya error que yo ponga la verdad;
Allí donde haya duda que yo ponga la fe;
Allí donde haya desesperación que yo ponga la esperanza;
Allí donde haya tinieblas que yo ponga la luz;
Allí donde haya tristeza que yo ponga gozo.

Oh, Divino Maestro, que no me empeñe tanto
en ser consolado como en consolar
en ser comprendido como en comprender
en ser amado como en amar.

Porque dando se recibe,
olvidando se encuentra,
perdonando se es perdonado,
muriendo se resucita a la vida eterna.

Trasfondo de Francisco de Asís

Francisco de Asís (1182-1226) fue un fraile y predicador italiano. Fundador de la Orden Franciscana. Cuando los cruzados llegaron armados al Medio Oriente para luchar contra los musulmanes, Francisco recorrió muchos lugares del Medio Oriente como un apóstol de la gracia.

| LECCIÓN 2 | COMPARTIENDO VIDAS | |

Predicó el evangelio al Sultán, el general de los ejércitos musulmanes. Steve Bell describe a Francisco como "un cristiano que equilibró la realidad política con una actitud de gracia hacia los musulmanes."[10]

Christine A. Mallouhi en su libro *Waging Peace on Islam* [Haciendo la Paz con el Islam], considera a Francisco como un ejemplo de cómo deberíamos conducirnos con los musulmanes en tiempos de mutua animosidad.[11] *"Cuando la oración de Francisco de Asís es respondida a través nuestro, seremos capaces de 'sufrirlo todo, creerlo todo, esperar todo, soportar todo' (1 Cor. 13:7). Esta es una respuesta bíblica en lugar de una reacción humana hacia los musulmanes."*[12]

---

[10] Steve Bell, Grace for Muslims?, 5
[11] Para conocer más sobre Francisco de Asís y lo que podemos aprender de él para nuestro contacto con musulmanes, sugiero leer el libro de Christine. Christine A. Mallouhi, Waging Peace on Islam, (London, Manacrch Books, 2000)
[12] Steve Bell, Grace for Muslims?, page 7

COMPARTIENDO VIDAS — LECCIÓN 3

LECCIÓN TRES: ENTENDIENDO A LOS MUSULMANES

Objetivo: aprender varios aspectos clave de la fe y la práctica del Islam

1   Introducción

Hemos considerado nuestra actitud y emociones con respecto al Islam y los musulmanes y estamos empezando a aprender a acercarnos a los musulmanes con una actitud de gracia. Ahora estamos en una mejor posición para recibir información precisa acerca del Islam y los musulmanes. En la lección previa hemos aprendido que un aspecto de una actitud de gracia es ver al Islam a través de los ojos de los musulmanes. Por lo tanto el contenido de esta lección ha sido preparado usando fuentes musulmanas.[13] Esta lección también ha sido analizada con un imán.

2   Jonás en el Islam[14]

En la lección previa hemos visto al profeta Jonás desde una perspectiva bíblica. En esta lección queremos averiguar lo que el Islam enseña sobre Jonás. De acuerdo a las tradiciones islámicas, la tumba del profeta Jonás (llamado "nebi Yunus" en árabe) se encuentra en la ciudad actual de Mosul, 400 kilómetros al norte de Bagdad en Irak. En la llamada mezquita Yunus, uno puede encontrar la tumba de Jonás, decorada con huesos de ballena.

A   *Referencias sobre Jonás en el Corán*

El nombre y/o la historia de Jonás se encuentran en los siguientes versículos de Corán:

---

[13] P.ej. Islam: A brief Guide, The Muslim Educational Trust, UK.
[14] Tomado de: http://www.angelfire.com/on/ummiby1/jonah.html y http://etext.virginia.edu/journals/ssr/issues/volume3/number1/ssr03-01-e02.html

| LECCIÓN 3 | COMPARTIENDO VIDAS | |

Sura (que significa capítulo) 4:163; Sura 10: 98-100; Sura 21:87, 88; Sura 37:138-148; Sura 68:48- 50.

El Sura 10 lleva su nombre. En el Sura 21:87-90, Jonás es llamado "el pescador" y en el 68: 48-50 es llamado "el hombre en la ballena".

Espera, pues, paciente la decisión de tu Señor y no hagas como el del pez, cuando clamó en medio de la angustia. Si no llega a alcanzarle una gracia de su Señor, habría sido arrojado a una costa desnuda, reprobado. Pero su Señor le escogió y le hizo de los justos. (Sura 68.48-50)

Y al del pez. Cuando se fue airado y creyó que no podríamos hacer nada contra él. Y clamó en las tinieblas: "¡No hay más dios que Tú! ¡Gloria a Ti! He sido de los impíos". Le escuchamos, pues, y le salvamos de la tribulación. Así es como salvamos a los creyentes. (Sura 21: 87, 88)

Jonás fue, ciertamente, uno de los enviados. Cuando se escapó a la nave abarrotada. Echó suertes y perdió. El pez se lo tragó, había incurrido en censura. Si no hubiera sido de los que glorifican, habría permanecido en su vientre hasta el día de la Resurrección. Le arrojamos, indispuesto, a una costa desnuda e hicimos crecer sobre él una calabacera. Y le enviamos a cien mil o más. Creyeron y les permitimos gozar por algún tiempo. (Sura 37:138-148)

¿Por qué no ha habido ninguna ciudad que haya creído y a la que su fe haya aprovechado, fuera del pueblo de Jonás...? Cuando creyeron, les evitamos el castigo, vergonzoso en la vida de acá y les permitimos gozar aún por algún tiempo. Si tu Señor hubiera querido, todos los habitantes de la tierra, absolutamente todos, habrían creído. Y ¿vas tú a forzar a los hombres a que sean creyentes, siendo así que nadie está para creer si Alá no lo permite? Y Se irrita contra quienes no razonan. (Sura 10: 98-100)

COMPARTIENDO VIDAS   LECCIÓN 3

B   Resumen de la enseñanza islámica sobre Jonás

Basados en estos versículos y también en algunas de las tradiciones islámicas (Jadid, escritos acerca de lo que dijo e hizo Mahoma), podemos resumir la enseñanza islámica sobre Jonás de siguiente manera:

Jonás era un profeta que fue enviado por Dios a su propio pueblo en la ciudad de Nínive. Los habitantes de Nínive eran idólatras que vivían una vida desvergonzada. Jonás fue enviado a ellos para enseñarles a adorar a Alá. A la gente le disgustó su interferencia en su manera de adorar, por eso argumentaron: "Nosotros y nuestros padres hemos adorado a estos dioses por muchos años y ningún mal ha venido a nosotros." Por más que trató de convencerlos de la necedad de su idolatría y de la bondad de las leyes de Alá, ellos lo ignoraron. Él les advirtió que si seguían con su necedad, pronto llegaría el castigo de Alá. En vez de temer a Alá, le dijeron a Jonás que no tenían miedo de sus amenazas. Jonás estaba descorazonado y se fue de Nínive, temiendo la pronta manifestación de la ira de Alá.

Apenas salió de la ciudad, los cielos comenzaron a cambiar de color y parecían encendidos por el fuego. El pueblo estaba lleno de temor por lo que veían. Ellos recordaron la destrucción del pueblo en los tiempos de Noé. Todos ellos se juntaron en la montaña y comenzaron a suplicar misericordia y perdón a Alá. Alá dejó de lado Su ira y los colmó de Sus bendiciones una vez más. Cuando se disipó la tormenta, ellos oraron para que Jonás regresara para poder guiarlos.[15] Mientras tanto, Jonás abordó un pequeño barco junto con otros pasajeros. El barco navegó en aguas calmas todo el día. Cuando llegó la noche, el mar cambió repentinamente. Se desató una horrible tormenta que parecía que iba a desarmar el barco en pedazos. El principal de la tripulación pidió a los marineros que tiraran al mar todas las cosas pesadas. Ellos tiraron su equipaje pero no fue suficiente. Su seguridad dependía de

---

[15] De acuerdo a Razi en su comentario sobre el Corán, fue en el día de Ashura (día de ayuno) que el pueblo de Jonás cambió. (En la sinagoga judía el día de ayuno en el 9º día del mes de Av, Tisha b'Av o Tish'ah b'Av, durante las oraciones de la tarde, se hacen lecturas del libro de Jonás)

LECCIÓN 3 COMPARTIENDO VIDAS

reducir el peso, entonces decidieron entre ellos alivianar el peso echando al agua a por lo menos a una persona. El capitán dijo: "Vamos a echar suertes con los nombres de todos los pasajeros. El nombre que salga será echado al mar." Se tomó un nombre y fue "Jonás". Como ellos sabían que él era uno de los más honorables entre ellos, no querían tirarlo al mar embravecido. Por lo tanto, decidieron echar suertes por segunda vez. Nuevamente salió el nombre de Jonás. Ellos le dieron una tercera oportunidad y echaron suertes por tercera vez. Desafortunadamente para Jonás, su nombre salió de nuevo. El asunto estaba resuelto y decidieron que Jonás mismo se tenía que tirar al agua. Una ballena encontró a Jonás flotando en las olas. Tragó a Jonás en su furioso estómago y cerró sus dientes de marfil. Tres capas de oscuridad lo envolvieron, una encima de la otra; la oscuridad del estómago de la ballena, la oscuridad del fondo del mar y la oscuridad de la noche. La ballena expulsó a Jonás a una isla remota. Su cuerpo estaba inflamado por los ácidos del estómago de la ballena. Él estaba enfermo y cuando salió el sol, los rayos quemaron su cuerpo inflamado, a punto tal que casi gritaba de dolor. De todas maneras, soportó el dolor y continuó repitiendo su invocación a Alá. Alá hizo que una viña creciese a una considerable distancia de él para protegerlo. Entonces Alá hizo que Jonás se recobrara y lo perdonó. Gradualmente él recobró sus fuerzas y volvió camino a su ciudad, Nínive. Jonás se sorprendió gratamente al ver el cambio que había ocurrido allí. Toda la población le dio la bienvenida. Le contaron que ellos habían decidido creer en Alá. Juntos hicieron una oración de agradecimiento a su Misericordioso Señor.

C   Jonás en la vida de los musulmanes hoy

Para muchos musulmanes de hoy, Jonás es visto como una persona con la que deberían identificarse:

a. Un estudiante musulmán escribió en internet que si uno quiere aprobar un examen, debería leer la oración de Jonás cuando estaba en la ballena.

COMPARTIENDO VIDAS   LECCIÓN 3

b. Al responder a dos chicas musulmanas que preguntaron si es permitido huir del hogar, un ciber imán escribió que huir del hogar es también un tema que se encuentra en el Corán y se refirió a Jonás con estas palabras: "El profeta Yunus trató de huir de su 'hogar' (que era el lugar adonde Dios lo había llamado). Como castigo de Alá, Yunus fue comido por una ballena. Yunus pasó 40 días en el estómago de la ballena. Alá lo perdonó y Yunus tuvo una segunda vida."

c. En un sermón de un imán, Jonás se muestra como ejemplo de alguien que en la profunda oscuridad estuvo dispuesto a someterse (que es el significado de la palabra "Islam", sumisión) a Dios.

Para debatir:
1. ¿Qué cosas significativas encuentras cuando comparas la narrativa bíblica de Jonás con la que encontramos en el Corán y las tradiciones islámicas?
2. ¿Cómo puedes explicar las semejanzas y las diferencias?

Varios aspectos del Islam

Ahora vamos a considerar varios aspectos del Islam

1   El comienzo del Islam

A pesar de que el Islam como religión independiente aparece en el siglo VI d.C., de acuerdo a los musulmanes, el origen del Islam data de mucho antes. En el Sura 3:67 leemos: *"Abraham no fue judío ni cristiano, sino que fue hanif, sometido a Alá, no asociador."*

La palabra "Islam" significa "sumisión" y un musulmán es "alguien que se somete" a Dios. Abraham es considerado el Padre de los Profetas y muchos musulmanes creen que son descendientes de Abraham a través de su hijo Ismael. Ismael juega un rol importante en las tradiciones islámicas.

LECCIÓN 3   COMPARTIENDO VIDAS

2   La persona de Mahoma

Mahoma nació en el año 571 en la Meca (actualmente en Arabia Saudita). Su padre murió antes de que él naciera y su madre murió cuando él tenía seis años. Cuando Mahoma tenía 25 años, se casó con la viuda Jadicha. De acuerdo a los musulmanes, cuando Mahoma tenía 40 años comenzó a recibir revelaciones de Dios (Alá). Él estaba convencido de que estaba siguiendo las pisadas de profetas como Moisés, David y Jesús, y que a él, como último profeta, como ellos, era llamado a convocar a la gente para adorar al único y verdadero Dios. El pueblo de la Meca solía adorar a muchos dioses. Mahoma los invitó al Islam (= sumisión a Dios). Varias personas se unieron a él y se convirtieron en musulmanes, mientras que otros lo rechazaron. Gradualmente, el número de seguidores creció. Inicialmente, Mahoma y sus seguidores enfrentaron la oposición del pueblo de la Meca. Y después de 12 años (622 d.C.) Mahoma y sus seguidores se mudaron a la ciudad de Yathrib (que posteriormente fue llamada "Medina", que significa "ciudad del profeta"). El cambio de lugar es de considerable importancia y se evidencia en el hecho de que el calendario islámico comienza a partir de este evento. En Yathrib, Mahoma y sus seguidores fueron bienvenidos y poco después se transformó no solo en el líder spiritual sino también en el líder político de la ciudad y él fundó el primer estado musulmán. En los años siguientes, el número de seguidores de Mahoma creció rápidamente. Mahoma, a quien se describe en el Corán como "una bendición para la humanidad" (21:107) y "un buen ejemplo a seguir" (33:21) murió en el año 632 d.C., a los 63 años. Después de su muerte, las revelaciones que él recibió se reunieron en un libro, el Corán. También sus dichos y ejemplos están reunidos en una serie de libros llamados, la Sunna.

3   La expansión del Islam

Cuando Mahoma murió en el año 632 d.C., la mayoría de los musulmanes vivían en Arabia Saudita pero en los años siguientes, el Islam se expandió hacia el norte (Siria, Jordán), el este (Irán e Irak) y hacia el

COMPARTIENDO VIDAS — LECCIÓN 3

oeste (Egipto, Argelia). Aproximadamente en el año 750 d.C. todo el norte África y aun España estaban bajo el dominio islámico. Alrededor de 1500 áreas más de África y Asia se habían hecho islámicas y también Indonesia era parte del mundo islámico. En el siglo XIV el Imperio Otomano Islámico comenzó en Turquía. Este imperio tuvo una gran influencia en Medio Oriente y Europa Oriental por siglos y ha contribuido en gran medida al establecimiento del Islam en Europa Central y Oriental, por ejemplo, en Albania y Bosnia.

Actualmente, el Islam es la religión principal de cuarenta países del mundo. Los árabes componen el 20 por ciento de todos los musulmanes. Encontramos muchos musulmanes en Indonesia (196 millones), Pakistán (166 millones), Bangladesh (150 millones), India (150 millones), Nigeria (70 millones), Turquía (70 millones) e Irán (68 millones). En Europa (incluyendo a Rusia) hay aproximadamente 50 millones de musulmanes.

4 Qué creen los musulmanes

Las doctrinas de fe del Islam se refieren a seis artículos a saber:

1) Alá (Dios)
2) Ángeles
3) Los Libros de Dios
4) Los profetas
5) El Último Día
6) Predestinación

Cinco de ellos son mencionados en la Sura 2:177 "... en creer en Alá y en el último Día, en los ángeles, en la Escritura y en los profetas... ¡Ésos son los hombres sinceros, esos los temerosos de Alá!"

Las tres creencias islámicas fundamentales son:

a) _Tauhid_ – la unicidad de Dios: Alá es uno
b) _Risala_ – los profetas
c) _Akirah_ – la vida después de la muerte

LECCIÓN 3　　　　　　COMPARTIENDO VIDAS

a　　**Tauhid**

Tauhid es la creencia islámica más importante. Los musulmanes creen que todo lo que existe se origina en uno y el único Dios, que es el Sustentador y única Fuente de Guía. Esta creencia debería gobernar todos los aspectos de la vida humana. El reconocimiento de esta verdad fundamental da una visión unificada de la vida que rechaza cualquier división entre lo religioso y lo secular. Dios (Alá) es la única fuente de Poder y Autoridad y debe ser adorado y obedecido. Él no tiene compañero; *Tauhid* es puro monoteísmo. Alá no nació de nadie y no tiene hijo o hija. Los seres humanos son Sus súbditos. Él es Uno; Él es Eterno; Él es el Primero y el Último y no hay nadie como Él. La creencia del *Tauhid* trae un cambio total a la vida de un musulmán. Lo hace inclinarse solo ante Alá que ve sus acciones. Él debe trabajar para establecer las leyes de Alá en todas las áreas de su vida, para ganar Su agrado.

b　　**Risala**

Risala significa ser profeta o mensajero. Los musulmanes creen que Dios (Alá) no ha dejado al hombre sin Guía para comportase en su vida. Desde la creación del primer hombre, Alá ha revelado Su guía a la humanidad a través de Sus profetas. Los profetas que reciben libros de Alá son llamados mensajeros. Todos los profetas y mensajeros vinieron con el mismo mensaje; ellos urgían a la gente de su época a obedecer y a adorar a Alá solamente y a nadie más. Siempre que las enseñanzas de un profeta eran distorsionadas por la gente, Alá enviaba a otro profeta para traerlos al Camino Recto. La cadena de *Risala* comenzó con Adán, incluyó a Noé, Abraham, Ismael, Isaac, Lot, Jacob, José, Moisés, David y Jesús, y terminó con Mahoma. Mahoma es el mensajero final para la humanidad.

Los libros revelados de Alá son la Torá (Tawrat), los Salmos (Zabur), el Evangelio (Injil) y el Corán. El Corán, que fue revelado al Profeta Mahoma, es libro final de Guía.

c Akirah

Akirah significa vida después de la muerte. La creencia en *Akirah* tiene un profundo impacto en la vida de un musulmán. Los musulmanes creen que todos debemos dar cuentas a Alá en el Día del Juicio, cuando seremos juzgados de acuerdo a cómo vivimos nuestras vidas. Una persona que obedece y adora a Alá será recompensada en el Paraíso; la persona que no lo haga será enviada al Infierno, un lugar de castigo y sufrimiento. Alá conoce todo pensamiento e intención más profunda; los ángeles están registrando todas nuestras acciones. Si siempre tenemos en mente que seremos juzgados por nuestras acciones, trataremos de asegurarnos de que estamos actuando de acuerdo a la Voluntad de Alá. Los musulmanes creen que muchos de los problemas de hoy desaparecerían si fuésemos conscientes de esto y actuásemos como corresponde.

5 Deberes religioso básicos del Islam

El Islam tiene cinco deberes básicos, llamados a menudo "los pilares del Islam". Los musulmanes creen que al cumplirlos regularmente, correctamente y sinceramente, transforman la vida de un musulmán y lo armonizan con los deseos del Creador. La práctica fiel de estos deberes, deberían inspirar a un musulmán que trabaja para el establecimiento del juicio, la igualdad y la rectitud en la sociedad y la erradicación de la injusticia, la falsedad y la maldad.

a Shahada

Shahada es la declaración consciente y voluntaria de: *La ilaha illallahu Muhammadur rasulullah* "No hay más Dios que Alá y Mahoma es su profeta".

Esta declaración tiene dos conceptos básicos de Tauhid y Risala.

Es la base de todas las acciones del Islam; los otros cuatro deberes básicos siguen a esta afirmación.

b   Salat (oración obligatoria)

La *Salat se* ofrece cinco veces por día, tanto en la congregación como individualmente. Es una demostración práctica de fe y mantiene al musulmán en contacto constante con el Creador. De acuerdo a los musulmanes, los beneficios de la Salat son de largo alcance, duraderos e inmensurables. La *Salat* prepara al musulmán para el establecimiento de un orden verdadero en la sociedad y para la eliminación de la falsedad, el mal y la indecencia. Desarrolla la autodisciplina, la firmeza y la obediencia a la Verdad, lo que lleva a la paciencia, la honestidad y la veracidad en los asuntos de la vida.

Las cinco oraciones diarias son *Fáyar* entre el amanecer y antes de la salida del sol; *Zóhor* entre el mediodía y media tarde; *Ásar* entre la media tarde y la puesta del sol; *Maghrib* inmediatamente después de la puesta del sol; *Isha* entre la noche y el amanecer.

Los musulmanes creen que al orar cinco veces al día, la *Salat* provee una maravillosa oportunidad para mejorar su vida. Es considerada un sistema de entrenamiento espiritual, moral y físico que hace que un musulmán sea verdaderamente obediente a su Creador.

c   Zakat (contribución social)

El *Zakat* es un pago obligatorio de los ahorros anuales de un musulmán. Literalmente significa purificación y es un pago anual del 2,5 % del dinero, de las joyas y de los metales preciosos; se aplica una tasa separada para los animales, las cosechas y la riqueza mineral. La *Zakat* no es ni un dinero para caridad ni un impuesto; la caridad es opcional mientras que los impuestos pueden ser usados para cualquier necesidad de la sociedad. El *Zakat*, sin embargo, solo puede ser gastado para ayudar a los pobres y los necesitados, los discapacitados y los oprimidos, los deudores y para otros propósitos sociales, de acuerdo a lo definido en el Corán y la Sunna. El *Zakat* es considerado como un acto de adoración. Es considerado como un principio fundamental de la economía islámica que asegura una sociedad equitativa adonde todos tienen derecho a contribuir y compartir. El *Zakat* debería ser pagado con la creencia consciente de que nuestra riqueza y nuestras propiedades pertenecen a Alá y que nosotros nos desempeñamos simplemente como administradores.

d   El Saum (ayuno obligatorio)

El *Saum* es el ayuno anual obligatorio que se hace durante el mes de Ramadán, el noveno mes del calendario islámico. Desde el amanecer hasta el anochecer, todos los musulmanes se privan de comer, beber y fumar y del sexo con su cónyuge, buscando solamente complacer a Alá. De acuerdo a los musulmanes, el *Saum* desarrolla los niveles morales y espirituales del creyente y lo guarda del egoísmo, la codicia, la extravagancia y otros vicios. El *Saum* es considerado un programa de entrenamiento anual que aumenta la determinación del musulmán para cumplir con sus obligaciones para con su Creador y Sustentador.

e   El Hajj (peregrinaje a la Casa de Alá)

El *Hajj* es un evento anual, obligatorio por lo menos una vez en la vida de los musulmanes que tienen medios para hacerlo. Es una travesía hacia la Casa de Alá (Al-Kabah) en La Meca, Arabia Saudita, en el mes de Du l-hijja, el décimo segundo mes del calendario islámico. Para los musulmanes el *Hajj* simboliza la unidad de la humanidad; los musulmanes de todas las razas y nacionalidades se reúnen en igualdad y con humildad para adorar a Dios.

De acuerdo a los musulmanes, el peregrino, en el ritual de las vestiduras del Ihram, tiene el sentimiento único de estar en la presencia del Creador a quien él le pertenece y a quien debe volver después de la muerte.

6   Fuentes de autoridad del Islam

Las dos fuentes más importantes de autoridad que definen la fe y las prácticas religiosas de los musulmanes son el Corán y la Sunna, mientras que también las diferentes escuelas de la ley determinan la fe y la práctica de los musulmanes.

LECCIÓN 3 COMPARTIENDO VIDAS

a   **El Corán**

El Corán es el libro sagrado de los musulmanes. Ellos creen que es el Libro final de Guía de Dios (Alá), enviado a Mahoma a través del ángel Gabriel (Jibra'il). De acuerdo a los musulmanes, todas y cada una de las palabras del Corán son la Palabra de Alá. Revelada a lo largo de un período de 23 años en lengua árabe, contiene 114 capítulos (Suras) y más de 6.000 versículos. Los musulmanes aprenden a recitarlo en árabe y muchos lo memorizan completamente. Se espera que los musulmanes traten de entender lo mejor posible el Corán y que practiquen sus enseñanzas. Los musulmanes creen que el Corán es incomparable en cuanto a sus relatos y su preservación. Sus enseñanzas cubren todos los aspectos de esta vida y de la vida después de la muerte. Contiene principios, doctrinas y direcciones para cualquier esfera de la actividad humana. El tema del Corán en términos generales consiste de tres conceptos fundamentales: Tauhid, Risala y Akhirah. De acuerdo a los musulmanes, el éxito de los seres humanos en esta tierra y en su vida venidera, depende de la creencia y la obediencia a las enseñanzas del Corán.

b   **La Sunna**

La Sunna se refiere a las formas y costumbres de Mahoma, o sea, sus hechos, dichos y consentimientos. Está contenido en los libros de Hadices (singular hadiz) que son colecciones de los dichos y acciones y las acciones aprobadas por él. Muestra cómo poner en práctica las guías del Corán. De acuerdo a los musulmanes, los Hadices fueron cuidadosamente registrados después de la muerte de Mahoma. Seis colecciones en particular han llegado a ser prominentes y son consideradas las más auténticas: al-Bujarí, Muslim, Abu-Dawud, al-Tirmidhi, Ibn Madia y al-Nasia.
En los Hadices uno encuentra temas como los tiempos y las características de la oración islámica, los rituales de los festivales, cómo hacer negocios de acuerdo a la ley islámica, asuntos que tienen que ver con las herencia, última voluntad y testamentos; juramentos y votos, cómo lidiar con los apóstatas, etc.

COMPARTIENDO VIDAS   LECCIÓN 3

c   **Escuelas de la ley islámica (sharia)**

El Islam suní reconoce cuatro escuelas de la ley que definen la jurisprudencia religiosa. Estas escuelas llevan los nombres de sus fundadores:
1) la escuela Hanafí (principalmente en Turquía, los Balcanes, Asia Central, India Pakistán, Bangladesh)
2) la escuela Malikí (principalmente en el norte de África)
3) la escuela Shafi'i (principalmente en Yemen, Egipto, Siria, el sudeste de Asia y el este de África)
4) la escuela Hanbalí (principalmente en Arabia Saudita)

Las diferencias entre las escuelas no residen en lo fundamental de la fe islámica sino en opiniones más sutiles.

Estas diferencias están basadas en el énfasis que ponen en:
a) la enseñanza del Corán
b) la Sunna
c) el consenso de los eruditos
d) la semejanza con las situaciones de la época de Mahoma
e) el sentido común

Sharia es una palabra árabe que se refiere a 'un camino hacia un lugar o pozo de agua', que es una metáfora para la salvación. Es el código de conducta del Islam. La sharia deriva de cuatro fuentes:
a) los preceptos establecidos en el Corán
b) los ejemplos instaurados por Mahoma en la Sunna
c) el consenso de los eruditos religiosos
d) una opinión a considerar, basada en una analogía (p.ej. una comparación con algo similar) en el Corán o la Sunna.

Los musulmanes difieren sobre las implicaciones exactas de ella. Los modernistas, tradicionalistas y fundamentalistas tienen puntos de vista diferentes sobre la sharia, así como los adherentes al pensamiento de cada escuela del Islam y cada erudición. En diferentes países y culturas existen diferentes interpretaciones de la sharia.

La sharia contiene normas religiosas y legales. Trata muchos asuntos considerados en la ley secular, como los crímenes, los políticos, y economías, también con asuntos personales como la sexualidad, la higiene, la dieta, la oración y el ayuno. El hecho de que ahora muchos musulmanes viven en países no islámicos, presenta una nueva situación para la ley islámica. Entre los eruditos de la comunidad musulmana en Europa se debate cómo armonizar las demandas de la sharia con los sistemas legales europeos.

7   Diferentes agrupaciones dentro del Islam

El número total de musulmanes en el mundo es de aproximadamente 1.500 millones. Dentro del Islam podemos identificar varias corrientes.

Los grupos más importantes son los Sunitas y los Chiitas. Aproximadamente el 80 por ciento de todos los musulmanes son sunitas. El segundo grupo mayoritario (aproximadamente el 15 por ciento) son los musulmanes chiitas. Los chiitas se encuentran principalmente en Irán e Irak y también en muchos otros países. Una distinción importante entre el Islam sunita y el chiita es que los musulmanes chiitas reconocen a Alí, el yerno de Mahoma y a ciertos individuos entre sus descendientes, conocidos como imanes, como los herederos legales del liderazgo político y religioso del Islam. Muchos chiitas creen en el imán infalible, una encarnación de Dios, que posee un conocimiento sobrenatural. Ellos esperan el retorno del decimosegundo imán que desapareció en el año 869 d.C., para que establezca el dominio mundial del Islam.

Además de estos dos grupos principales dentro del Islam, hay muchos otros grupos y sectas menores del Islam, tales como los Kharijitas, los Murji'ites, los Ismaelies, los Druzes. Algunos grupos reconocidos están enlistados más abajo. Algunos grupos no son considerados como musulmanes reales por otros musulmanes.

A   La Comunidad Musulmana Ahmadiyya

La Comunidad Musulmana Ahmadiyya (CMA) es un movimiento internacional dinámico de avivamiento dentro del Islam, de rápido crecimiento. La CMA fue fundada en 1889, por Mirza Ghulam Ahmad (1835-1908), quien afirmaba haber recibido revelaciones divinas y es considerado el tan esperado Mesías. Ahmad afirmó ser la segunda venida metafórica de Jesús de Nazaret y la guía divina, cuyo advenimiento fue predicho por Mahoma. La CMA cree que Dios envió a Ahmad, como Jesús, para terminar con las guerras religiosas, condenar el derramamiento de sangre y restituir la moral, la justicia y la paz. De acuerdo a sus seguidores, Ahmad despojó al Islam de las creencias y prácticas fanáticas defendiendo las enseñanzas verdaderas y esenciales del Islam. La Comunidad Musulmana Ahmadiyya reconoce las enseñanzas de Zoroastro, Abraham, Moisés, Jesús, Krishna, Buda, Confucio, Lao Tzu y el Guru Nanak y cree que sus enseñanzas convergen en el único verdadero Islam. La CMA, cuya sede central está en Gran Bretaña, afirma tener decenas de millones de adherentes alrededor del mundo.

B   Los Baha'is

La comunidad Baha'i fue fundada en 1844 donde actualmente está Irán cuando Ali Muhammad (llamado 'Baha'u'llah') se proclamó a sí mismo como "La puerta" (Bab). El mensaje esencial Baha'u'llah era un mensaje de unidad. Él enseñó que hay solo un Dios, que hay una única raza humana y que todas las religiones del mundo representan etapas de la revelación de la voluntad de Dios y el propósito para la humanidad. Los Baha'is creen en la unidad de Dios y la humanidad, la igualdad entre los sexos, la armonía de la religión y la ciencia y la búsqueda independiente de la verdad. Ellos no consideran que Mahoma fue el último profeta y el más grande sino uno de muchos. Ellos no reconocen al Corán como la revelación final sino un libro entre muchos, incluyendo los escritos de Baha'u'llah'. Se estima que alrededor del mundo hay aproximadamente 7 millones de Baha'is. La comunidad Baha'i a menudo es considerada apóstata por los musulmanes y es perseguida en algunos países islámicos.

C   El movimiento salafí (Wahhabismo)

El Salafismo es un movimiento sunita que toma a los ancestros piadosos (Salaf) del Islamismo primitivo como modelos ejemplares. La palabra "salaf" es un sustantivo árabe que puede traducirse "predecesor" o

LECCIÓN 3 COMPARTIENDO VIDAS

"ancestro". En la terminología islámica, generalmente se usa para referirse a las tres primeras generaciones de los musulmanes. Estas tres generaciones son consideradas ejemplos de cómo se debe practicar el Islam. El término Salafismo a menudo se usa de manera indistinta con "Wahhabismo", porque Muhammad ibn Abd-al-Wahhab (1703-1787), es considerado el fundador de este movimiento, a pesar de que muchos adherentes declaran que el movimiento fue fundado por el profeta Mahoma mismo. El movimiento salafi se basa en una tradición puritana. Ellos interpretan el Corán literalmente y rechazan cualquier cosa que no esté basada en las fuentes originales del Islam. El movimiento salafi tiene una fuerte influencia en Arabia Saudita y trata de usar su dinero para difundir su enseñanza e influencia alrededor del mundo.

D   El Sufismo

El Sufismo es la corriente mística del Islam. Se originó en el Islam primitivo. Los que adhieren a esta corriente son llamados sufíes. La palabra *Sufi* a menudo se remonta al término árabe 'Suf' (lana), refiriéndose a las capas sencillas que usaban los antiguos ascetas musulmanes. Otra sugerencia dice que Sufi viene de la palabra árabe "Safa" (pureza), lo cual explica porqué el Sufismo enfatiza la pureza del corazón y del alma. A pesar de que los sufíes creen en el Corán y la Sunna, ellos ponen más énfasis en la vida interior, en la unión mística con Dios que la obediencia externa a los deberes religiosos. De acuerdo al Sufismo, la base de la religión es el amor a Dios. Tenemos que amar a Dios por los que Él es, no por alguna clase de recompensas o basados en el temor al castigo. A menudo, a Dios se lo llama el Amante Eterno. Muchos sufíes buscan la unión mística o la comunicación directa con Dios a través de la danza y la música, el recitado de versículos del Corán y poemas islámicos, a través de lo cual buscan lograr un estado de éxtasis.

E   Los Alevíes

Alrededor de 15 millones de musulmanes son alevíes, se encuentran predominantemente en Turquía, pero hay grupos más pequeños en Siria, Irán e Irak. Es difícil hacer una declaración absoluta de sus creencias y prácticas porque hay una gran variedad de ellos entre los que se consideran a sí mismos alevíes. Hay muchas similitudes entre los alevíes y los bektashies de los Balcanes.

Los alevíes son seguidores de Ali (yerno de Mahoma) y creen que él fue el sucesor de Mahoma. Muchos alevíes igualan a Mahoma con Ali y utilizan Mahoma Ali como un solo nombre para llamar a esta personalidad. Algunos dicen que el Alevismo es una mixtura de los mejores elementos del Islam, el Cristianismo, el Judaísmo, el Maniqueísmo, el Zoroastrismo, el Chamanismo y el Humanismo del siglo XX. Casi todos los alevíes niegan que Dios es alguien que recompensará a quienes siguen sus reglas en la tierra con placeres eternos en el cielo.

Los alevíes interpretan el Corán esotérica, introspectiva, o místicamente. Para ellos hay verdades espirituales mucho más profundas en el Corán que las reglas y regulaciones estrictas que aparecen en la superficie literal. Además de los libros, quizás las fuentes más importantes de las creencias y pensamientos alevíes son poemas místicos y baladas musicales que han sido pasadas de generación en generación, muchas de las cuales nunca fueron escritas. Estos poemas y baladas son parte de las reuniones de adoración durante las cuales buscan entrar en una relación más profunda con el líder espiritual de la reunión y con Dios. Estas reuniones incluyen oraciones por parte del líder, que también da cortos mensajes religiosos, canta baladas solo y también dirige a la congregación en canciones. Otro elemento clave es una danza ritual circular representada por hombres y mujeres seleccionadas en un grupo que puede variar en tamaño. La reunión se desarrolla totalmente en turco, incluyendo todas las oraciones y canciones.

Los alavíes no aceptan la idea de un Dios con rostro severo juzgando al hombre en base a cómo desarrolló sus deberes religiosos en su vida sobre la tierra. Tienden a no practicar las cinco oraciones diarias ni el mes de ayuno durante el Ramadán. En lugar de ello, ayunan por doce días durante el primer mes del calendario musulmán. Visitar la Meca no es una práctica alaví, pero si son bastante común las visitas a los santos Alevi-Bektashi. Las mujeres alevíes adoran junto con los hombres y también se les permite vestir ropas modernas.

F   El Islam folklórico

A pesar de que realmente no es una corriente dentro del Islam, no podemos ignorar la importancia del llamado Islam Folklórico. En la vida diaria de muchos musulmanes, las convicciones ortodoxas van mano a mano con las prácticas que probablemente encuentran su origen en tiempos pre-islámicos. Tales prácticas involucran costumbres que tiene que ver con el nacimiento, la pubertad, el matrimonio, los funerales, etc. También, las prácticas tienen que ver con la protección contra la mala suerte (los musulmanes se refieren al llamado "mal de ojo"). Cuando una mujer es estéril, a veces algunos buscan la ayuda de la intercesión de santos musulmanes que han muerto. También los sueños, las predicciones, las bendiciones y las maldiciones juegan un papel importante en la vida diaria de muchos musulmanes tradicionales.

8   Cultura y costumbres islámicas

Cuando queremos desarrollar una relación con los musulmanes es importante saber algo de la cultura y las costumbres islámicas. Por supuesto, no es posible describir brevemente la cultura y las costumbres de todos los musulmanes de nuestro país. Hay muchas diferencias y es importante que aprendamos del trasfondo cultural y las costumbres de nuestro amigo musulmán a través de conversaciones. Aquí, simplemente damos algunos aspectos que muchos musulmanes apoyan.

A   El calendario islámico

El calendario islámico comienza en el año 622 d.C. El año islámico consta de 12 meses lunares. El año lunar tiene alrededor de 11 días menos que año solar. Las fechas exactas en las que comienzan los festivales y también el mes de ayuno (Ramadán), solo pueden ser establecidas a último momento porque dependen de la aparición de la luna. Por ejemplo, el año 2014 d.C. fue el año 1435-1436 AH (Anno Hijrah, el año en que Mahoma huyó de la Meca a Medina).

B Festivales islámicos

Los musulmanes afirman que ellos celebran festivales para complacer a Dios (Alá) y no su propio placer. Sin embargo, estas son ocasiones para gozarse y ser felices. Los dos festivales más importantes del Islam son *Eid al-fitr* y *Eid al-Adha*.

Eid al-fitr cae en el primer día después del mes de Ramadán. En este día, después de un mes de ayuno, los musulmanes ofrecen oraciones congregacionales, preferiblemente en lugares abiertos. Ellos expresan su gratitud a Alá por permitirles practicar el ayuno. Se prepara comida especial. Se acostumbra visitar amigos y parientes y hacer de la fiesta una celebración especial para los niños.

Eid al-Adha comienza el décimo día del mes de Dhul Hijjah y continúa hasta el 13º. Esta celebración conmemora la voluntad de Abraham cuando se le pidió el sacrificio de su propio hijo, Ismael. Abraham demostró su disposición y Alá estuvo muy complacido. Un carnero se sacrificó en lugar de Ismael por mandamiento de Alá. Los musulmanes ese día ofrecen una oración congregacional y sacrifican animales como ovejas, cabras, vacas o camellos. La carne de los animales sacrificados se comparte entre los parientes, vecinos y los pobres.

Otras celebraciones incluyen el *Hijrah* (migración del Profeta), *Lailat al-Miraj* (noche de la ascensión) y las fechas de las batallas islámicas. Hay una noche especial llamada *Laylat al-Qadr* (Noche de Poder), una noche impar de los últimos diez días del Ramadán. El Corán dice que es "mejor que mil meses". Los musulmanes pasan la noche ofreciendo oraciones y recitando el Corán.

C Dieta

Los musulmanes son animados en el Corán a comer lo que es bueno y saludable para ellos y se les prohíbe comer ciertas comidas. A un musulmán no se le permite comer: a) cerdo; b) animales que no fueron sacrificados en el nombre de Alá; c) sangre de animales; d) animales carnívoros.

| LECCIÓN 3 | COMPARTIENDO VIDAS | |

Se permite comer pescado y verdura. La ley islámica exige que los animales sean faenados por el hombre con un cuchillo afilado que debe penetrar las partes internas del cuello para permitir el máximo drenaje de sangre. El nombre de Alá debe ser dicho en el momento del sacrificio. Todas las bebidas alcohólicas están prohibidas.

D   Vestimenta

A los musulmanes se los anima a vestirse con modestia y decencia. No se recomienda ninguna vestimenta en particular. Los requisitos incluyen:

- para los hombres cubrirse por lo menos desde el ombligo a las rodillas;
- para las mujeres, cubrirse todo el cuerpo excepto la cara y las manos; de acuerdo a algunos eruditos, las mujeres que pasan la pubertad deberían cubrirse el rostro cuando salen o se encuentran con extraños;
- los hombres y las mujeres no deben vestirse de una manera que incite sentimientos sexuales, por ejemplo, ropa transparente, ajustada, o que exponga en parte desnudez ;
- A los hombres no se les permite usar seda pura ni oro;
- los hombres no deben usar vestimenta de mujer y viceversa;
- no se permite usar vestimentas simbólicas de otras religiones;
- Se promueve la simplicidad y la modestia. No se acepta la vestimenta que expresa arrogancia. El estilo de la vestimenta depende de las costumbres locales y el clima.

Para debatir:
1. ¿Hay cosas que los cristianos pueden aprender de los musulmanes? Si las hay, ¿cuáles son?
2. Menciona varias semejanzas y diferencias entre los musulmanes y los cristianos.

9   Los principales problemas que los musulmanes tienen con los cristianos y la fe cristiana

Cuando los cristianos comienzan a relacionarse con los musulmanes, descubren que hay varias cosas que a los musulmanes les cuesta entender o aceptar de los cristianos o de la fe cristiana. Podemos resumir las cosas principales en tres categorías:

- a) nuestra fe
- b) nuestra historia
- c) nuestra moral

a   <u>Nuestra fe</u>

Los musulmanes no entienden nuestra concepción de la Trinidad y están convencidos de que los cristianos creen en tres dioses. Como hemos visto antes, los musulmanes enfatizan rotundamente la unicidad de Dios y consideran que toda violación de este concepto es una ofensa muy seria.

A pesar de que los musulmanes tienen mucho respeto por Jesús y lo reconocen como un profeta importante, no entienden cómo los cristianos pueden hablar de Jesús como "el Hijo de Dios". Ellos piensan que los cristianos cuando dicen esto, creen que Dios el Padre tuvo relaciones sexuales con María y que Jesús es el resultado de esa relación. Este pensamiento es muy ofensivo para un musulmán.

Como Dios es todopoderoso y Jesús es uno de los profetas que Él envió a este mundo, los musulmanes no pueden entender cómo Dios permitió que Jesús fuese tratado de una manera tan vergonzosa como la muerte por crucifixión. El Corán declara que Dios llevó a Jesús al cielo justo antes de que la gente tratara de crucificarlo y que Dios puso a otra persona en su lugar que se parecía a Jesús y que ese hombre luego fue crucificado.

Muchos musulmanes no entienden cómo los cristianos creen en la inerrancia de la Biblia, cuando al mismo tiempo usan una variedad de

LECCIÓN 3 COMPARTIENDO VIDAS

traducciones de la Biblia y no pueden dar una buena explicación de algunas aparentes contradicciones de la Biblia.

b   *Nuestra historia*

En la Edad Media, los ejércitos cristianos fueron a Tierra Santa para purificarla de influencias no cristianas. Al hacer esto, mataron a miles de personas (entre ellos a muchos musulmanes). Los musulmanes consideran a estas Cruzadas como la versión cristiana de la 'yihad' (guerra santa).

Del siglo XVII al XX, varios países cristianos (por ejemplo, España, Portugal, Inglaterra, Francia y Países Bajos) fueron poderes coloniales que dominaron diferentes partes del mundo (adonde vivían muchos musulmanes), usando la violencia, el robo, las mentiras y la explotación.
Los musulmanes no entienden porqué muchos cristianos dan un apoyo incondicional a Israel que a veces usa la violencia para lograr sus objetivos.

Muchos musulmanes creen que el Mundo Occidental (que frecuentemente es usado como sinónimo del Cristianismo) a menudo se comporta como si fuera cultural, política y económicamente superior al resto del mundo y no tiene disposición para aprender de la riqueza de otras culturas y otros países.

c   *Nuestra moral*

Mientras que el Mundo Occidental, a los ojos de muchos musulmanes, se comporta como un policía que trata que el resto del mundo habite bajo su ley, parece estar ciego a la decadencia moral que se produce en sus propias sociedades, que aceptan la homosexualidad, la legalización de las drogas y la prostitución, el aborto y las prácticas de la eutanasia, el alto porcentaje de divorcio y la difusión de la inmoralidad a través de las películas y el turismo.

COMPARTIENDO VIDAS LECCIÓN 3

Para debatir:
1. ¿Cuál es tu primera reacción ante la manera en la que los musulmanes ven a los cristianos y al Cristianismo?
2. ¿Cómo podemos responder a estos temas?

Tarea

Escribe por lo menos dos preguntas que te gustaría hacerles a los musulmanes que conocerás en la mezquita durante la próxima lección.

LECCIÓN CUATRO: CONOCIENDO MUSULMANES

Objetivo: encontrarse con musulmanes y hacerles preguntas sobre su fe y sus prácticas.

Ahora que ya hemos visto nuestra actitud hacia el Islam y los musulmanes y hemos aprendido acerca de algunos aspectos de la fe y la vida de los musulmanes, es tiempo de encontrarnos con musulmanes e interactuar con ellos acerca de la fe. Hemos aprendido que una de las características de una actitud de gracia es ver al Islam a través de los ojos de los musulmanes y de abstenernos de hacer una caricatura de los musulmanes.

La mejor manera de aprender acerca de lo que los musulmanes creen, piensan y hacen es preguntarles a ellos directamente. Por experiencia propia sabemos que los musulmanes están más que dispuestos a reunirse con cristianos y discutir con ellos sobre su fe y también escuchar sobre lo que los cristianos creen. Por lo tanto, queremos usar la lección cuatro para visitar una mezquita local e interactuar con los musulmanes que encontremos allí.

Cuando visites la mezquita, ten en mente lo siguiente:

1. Usa ropa modesta y conservadora que muestre lo menos posible tu cuerpo (por ejemplo: no uses pantalones cortos ni camisas de mangas cortas o sin mangas ya sea para hombres o mujeres). Las mujeres deben usar un vestido o una blusa con una falda (por lo menos larga hasta las rodillas), preferiblemente con mangas hasta el codo o largas y un pañuelo en la cabeza. Los hombres deben usar pantalones largos y camisas con mangas. Frecuentemente se les pide a las mujeres que cubran sus cabezas mientras están en la mezquita. Puedes traer tu propio chal, si no, ellos te prestarán uno.

COMPARTIENDO VIDAS   LECCIÓN 4

2. Es común que se te pida que te quites los zapatos al entrar en la mezquita.

3. Prepara por adelantado algunas preguntas que te gustaría hacerles. En el DVD que acompaña a este libro del curso, encontrarás ejemplos de preguntas que puedes hacer.

4. Sé cortés y respetuoso todo el tiempo, incluso cuando escuches o veas cosas con las que estás totalmente en desacuerdo o cuando alguno trate de convertirte al Islam. Es muy probable que tus anfitriones te presenten la verdad de una manera demasiado optimista, pero ten en cuenta que esta es la misma manera en la que actuarías si un grupo de musulmanes visitase tu iglesia.

5. Cuando te pregunten sobre tu fe cristiana, trata de responder de la manera más personal posible. Por ejemplo, en lugar de decir "el Cristianismo piensa que la oración es muy importante", puedes explicar cómo tú oras personalmente todos los días.

6. La meta de esta visita no es convertir a tus anfitriones musulmanes sino aprender de ellos. Pero, cuanto tengas la oportunidad de compartir respetuosamente sobre tu fe en el Señor Jesucristo, por supuesto, hazlo.

Tarea para realizar después de tu visita a la mezquita.

1. ¿Qué fue lo que más aprendiste en tu visita a la mezquita?
2. Lee Hechos 10 y piensa en la relación entre Cornelio y Pedro. Compara a Cornelio con los musulmanes con quienes te has encontrado:
    a. ¿Piensas que Dios escucha las oraciones de estos musulmanes? ¿Qué piensas que pasa cuando ellos oran?
    b. Pedro aprendió una lección importante de Cornelio. ¿Qué aprendiste tú de los musulmanes con quienes te encontraste?

c. ¿Qué es lo que te gusta más de la fe de los musulmanes?

d. Cornelio necesitó solo una visión para comenzar a actuar. Pedro necesitó tres. ¿Has visto otros ejemplos en los que los cristianos son menos receptivos a lo que Dios tiene que decirles que la gente que está fuera de la iglesia?

COMPARTIENDO VIDAS — LECCIÓN 5

LECCIÓN CINCO: CULTIVANDO RELACIONES DURADERAS

Objetivo: aprender a ser un testigo relacional y aprender a compartir nuestras vidas con los musulmanes

> **Tarea:**
> **Compartir sobre tu visita a la mezquita y la tarea que hiciste posteriormente.**

Ahora que hemos compartido sobre nuestra actitud hacia los musulmanes y el Islam y hemos aprendido más sobre la fe y la vida de los musulmanes y también hemos tenido la oportunidad de encontrarnos con musulmanes, es tiempo de ver cómo podemos compartir nuestras vidas con los musulmanes y en ese contexto también hablar con ellos sobre nuestra fe en Jesucristo. Este es el tema de nuestra quinta y última lección de este curso.

A   La encarnación de Jesús: un modelo para nosotros.

En Juan 1:14 leemos que *"El Verbo se hizo carne, y habitó entre nosotros"*. Esto se refiere a la encarnación de Jesús, que es el modelo por excelencia para el ministerio de los cristianos en este mundo. Nosotros deberíamos seguir el ejemplo de Jesús. Él adoptó la identidad de un siervo y se hizo parte de una comunidad (Filipenses 2:5-8). El Apóstol Pablo en 1 Co. 9:19-23 muestra que él estaba dispuesto a hacerse siervo de todos, para ganar a algunos.

Al comentar sobre su ministerio en Tesalónica, él escribe:

"Tan grande es nuestro afecto por vosotros, que hubiéramos querido entregaros no solo el evangelio de Dios, sino también nuestras propias vidas; porque habéis llegado a sernos muy queridos." (1 Tes. 2:8)

Este versículo refleja la manera en la que el Apóstol Pablo ministraba en la ciudad de Tesalónica. Él y su equipo tenían un amor genuino por

LECCIÓN 5   COMPARTIENDO VIDAS

la gente con la que compartían el Evangelio. Ellos no dieron simplemente el mensaje sino que se dieron a sí mismos.

"El verdadero misionero no es alguien especializado en dar el mensaje sino alguien cuyo ser total, completamente comprometido con un mensaje que demanda todo, es comunicado a sus oyentes"[16].

En esta carta Pablo menciona nueve veces "vosotros sabéis", refiriéndose al hecho que la gente de Tesalónica había observado su vida de cerca.

Necesitamos integrar la proclamación y la encarnación. Un concepto importante de la Biblia, es el concepto del Reino de Dios. El plan maestro de Dios de la redención es que Dios pueda glorificarse y reunir todas las cosas en Cristo, esto incluye no solo la reconciliación de la gente con Dios sino la reconciliación de "todas las cosas..., así las que están en los cielos, como las que están en la tierra" (Ef. 1:10). Esta reconciliación encuentra su cumplimiento final en el futuro Reino de Dios, pero en el presente, se puede ver un atisbo de este Reino futuro. La Iglesia no solo debe proclamar el Evangelio del Reino (Mateo 24:14), sino también debe mostrar la vida del Reino (Mateo 5-7) y hacer las obras del Reino.

Cuando aplicamos lo anterior a nuestra relación con los musulmanes, podemos aprender cinco cosas:

- a   El evangelismo es sobre todo un estilo de vida, no una actividad; no es lo que tenemos que hacer sino lo que somos.
- b   El compartir verbalmente el Evangelio necesita estar integrado a nuestra vida y necesita estar relacionado con el abordaje de las necesidades sociales que son el resultado de una relación rota con el Señor.
- c   La vida del creyente debe estar de acuerdo con el contenido de Su mensaje.

---

[16] Ernest Best, Black's New Testament Commentaries, ed., A commentary of the First and Second Epistles to the Thessalonians (Peabody, Massachusetts: Hendrickson Publishers, 1993), 102, 103.

d   Para que los musulmanes tengan un entendimiento preciso de Jesucristo y la fe bíblica, ellos necesitan ver una expresión de lo que significa en las vidas de la gente que ellos conocen y confían.

e   Para que los creyentes puedan encarnar fielmente la verdad del Evangelio para las vidas de los musulmanes, estos necesitan tener un entendimiento certero de los cristianos en el contexto de una relación de amor y confianza.

Esto significa que es necesario que haya una estrecha proximidad entre los cristianos y los musulmanes.

> **Para debatir:**
> a   ¿Qué pasaría si cada musulmán de tu país tuviese por lo menos un amigo cristiano?
> b   ¿Qué significa ser un testigo encarnado o relacional?

"Lo que nos hace diferentes no es simplemente lo que creemos sino cómo nuestras creencias motivan y afectan nuestra conducta. Lo que nos hace diferentes es la forma en la que nuestra fe transforma nuestra manera de vivir... A menos que... aprendamos a demostrar esa relación dinámica y transformadora entre nuestras creencias y nuestra conducta, no tenemos una posición mejor que cualquiera otra religión"[17]

A pesar de que la teología de la fe cristiana es diferente de la teología del Islam, la vasta mayoría de los musulmanes solo conocerá la diferencia cuando esta afecte la manera en la que nos comportamos.

Hemos visto anteriormente en este curso, que la teología de Jonás no afectó su conducta. Él podría haber argumentado acerca del concepto de la gracia y el perdón con la gente de Nínive, pero no estaba dispuesto a mostrarles esta gracia a través de su vida.

---

[17] Richard Sudworth, *Distinctly Welcoming*, (NSW Australia: Scripture Union Australia, 2007),48.

El simple hecho de hablar sobre nuestras creencias rara vez convence a la gente de la verdad sobre sus vidas, pero la diferencia se produce cuando las ven puestas en práctica.

Jesús casi nunca argumentó con los gobernantes de su tiempo sobre la validez del Reino de Dios; Él se ocupó de demostrar lo que era el Reino de Dios y de explicar cómo entenderlo y cómo vivirlo. Nosotros necesitamos hacer lo mismo.

El testimonio encarnado o relacional también es llamado evangelismo por amistad. Es una aproximación relacional o personal: trabajar sobre todo con una persona (o con una familia) no en un entorno grupal, para desarrollar una relación. Dar testimonio de nuestra fe a los musulmanes debería hacerse idealmente dentro del contexto de una relación de amor, confianza y respeto. Lleva tiempo construir una relación así y va más allá de un momento de debate con un extraño sobre la fe Cristiana y el Islam. Entre otras cosas, significa hacer cosas juntos, pasar tiempo juntos, desarrollar un interés mutuo en la vida del otro, compartir nuestros gozos y tristezas, llegar a ser amigos en todo el sentido de la palabra.

Significa compartir toda tu vida y no solo compartir el Evangelio.

Nuestro cuidado y preocupación sinceros, nos dan muchas oportunidades para compartir verdades bíblicas, no de una manera abstracta, vacía de conexión relacional, sino como parte de nuestra vida diaria. En las situaciones naturales de todos los días, tú vives tu fe con tus amigos musulmanes, tanto de palabra como de hecho. Tendrás oportunidades para conversar en las que podrás expresar tus verdades cristianas, orar con tu amigo o por él. También ellos te verán practicar tu fe (por ejemplo, ayunar, celebrar la Navidad o cómo te enfrentas a un conflicto, cómo administras el dinero, cómo te relacionas con tu familia, etc.).

Nuestros amigos musulmanes observarán la obra salvadora y el poder de Jesús en nuestra vida diaria. La mayoría de los musulmanes llegan a apreciar realmente el Evangelio y quieren conocer a nuestro Señor al

COMPARTIENDO VIDAS   LECCIÓN 5

ver la fe cristiana que se vive en la lucha diaria de cristianos reales, que sirven abiertamente, con humildad, con fidelidad, codo a codo en sus comunidades.

A veces se puede producir una confrontación cuando se hacen preguntas difíciles pero como amigos sabemos cómo estar en desacuerdo de manera apropiada.

El testimonio encarnado puede ser costoso y doloroso, como lo vemos también en la vida de Jesús que sufrió aun hasta la muerte.

No es posible programar las veces en que podemos compartir el Evangelio pero, por supuesto, con la preocupación por la gente que no ha escuchado sobre Cristo, puedes orar para que Dios te ayude a discernir cuándo hablar, cuándo escuchar y cuando ser sensible a las necesidades y creencias de tu amigo. También aprenderás a hablar más abiertamente de tu propia fe y podrás ser más explícito al explicarle cómo Dios se relaciona con las decisiones que tomas, las respuestas que das, etc.

En la Biblia leemos que Andrés trajo a su hermano Pedro para conocer a Jesús y que Felipe trajo a su amigo Natanael a Jesús. El evangelismo a veces se describe como traer a nuestros amigos para que conozcan a nuestro mejor Amigo: Jesús. Cuando somos testigos relacionales, queremos que nuestros amigos musulmanes conozcan a Jesús, nuestro mejor Amigo, para que ellos se inclinen ante Su Señorío y también sea su amigo.

Para debatir:
1. "El simple hecho de hablar sobre nuestras creencias rara vez convence a la gente de su validez. Verlas en acción marca la diferencia."
   Explica porqué estás de acuerdo o no con esta afirmación.
2. En 1 Corintios 9:19-23 Pablo explica que se hizo siervo de todos para ganar a la mayoría posible. ¿Cómo podemos aplicar este principio a nuestra relación con los musulmanes?

B   Maneras prácticas de conectarse naturalmente con los musulmanes

En los tiempos de Jesús, los judíos y los samaritanos vivían en el mismo país pero leemos: *"Porque judíos y samaritanos no se tratan entre sí"* (Juan 4:9). Podríamos decir lo mismo sobre los cristianos y los musulmanes que viven en nuestro país, nuestra ciudad o nuestra calle. Tal vez este curso te ha animado a comenzar a compartir tu vida con un musulmán. Pero entonces tu pregunta debería ser: "¿Cómo y dónde puedo comenzar?"

Por eso, nos gustaría darte algunas sugerencias prácticas para saber cómo comenzar a construir una relación con los musulmanes.

1. Ofrécete como voluntario en la comunidad local, o en un centro de refugiados o de inmigración.
2. Ponte en contacto con tu mezquita local o centro islámico para reunirte y conocerlos, pregúntales si hay algo que puedes hacer por ellos o si hay actividades en las que tu iglesia puede trabajar con ellos. También puedes invitarlos a una reunión de tu iglesia.
3. Organiza una reunión con tus vecinos musulmanes para divertirse, con comida, vestimenta típica y música de diferentes culturas para conocer mutuamente sus culturas.
4. Pídele a los musulmanes de tu barrio que te den pedidos específicos de oración y comienza a orar por ellos.
5. Aprende saludos y expresiones básicos en su idioma (por ejemplo, en árabe, turco o cualquier otro idioma que hablan los musulmanes de tu ciudad) y comienza a saludarlos en la calle.
6. Para Pascua o Navidad prepara regalos especiales para darle a los musulmanes de tu barrio para celebrar esta fiesta con ellos.
7. Ve a sus negocios (por ejemplo, haz las compras en una panadería marroquí o en una almacén turca o córtate el cabello en una peluquería islámica) y comienza a hablar con la gente allí.

COMPARTIENDO VIDAS   LECCIÓN 5

8   Averigua qué necesidades sociales específicas tienen los musulmanes de tu barrio y comienza a ofrecer cursos o clases para suplir esas necesidades (por ejemplo, clases de idiomas, actividades deportivas, clases de apoyo escolar, costura o clases de informática, etc.).
9   Participa en actividades destinadas a inmigrantes musulmanes en tu pueblo o ciudad.
10 Toma asiento junto a ellos en el autobús o el metro y comienza una conversación.
11 Busca maneras de colaborar con ellos en proyectos comunitarios.
12 Busca maneras de ayudar a tus vecinos musulmanes de maneras prácticas.
13 Visita sitios web y salas de chat y chatea con ellos.
14 Únete a ellos cuando se sientan juntos en el parque.

Esto de ninguna manera es una lista exhaustiva sino solo un ejemplo que puede completarse con muchos otros. La idea principal es encontrar formas de conectarte naturalmente con los musulmanes de tu ciudad, tu calle o tu edificio.

C   Qué hacer y qué no hacer al relacionarnos con musulmanes

Como señalamos anteriormente, la manera más efectiva de testimonio cristiano surge naturalmente de situaciones en las que los cristianos y los musulmanes se reúnen. Es imposible saber por adelantado qué hacer y qué decir, cómo responder y comportarse en cada una de las situaciones que se presenten. De todas maneras, podemos dar algunas indicaciones generales:

i   Ten cuidado de las diferencias entre los sexos (por ejemplo, para un hombre puede ser inapropiado darle la mano a una mujer o visitarla en su hogar cuando ella está sola).
ii Usa tu Biblia con respeto (no la subrayes, no le pongas pegatinas, no la dejes en el piso);

LECCIÓN 5 COMPARTIENDO VIDAS

iii Nunca le ofrezcas a tus amigos cerdo o alcohol. Los musulmanes estrictos solo comen carne que es halal, es decir de animales faenados de acuerdo a un ritual apropiado y usando el nombre de Alá.

iv Ora regularmente por tu/s amigo/s musulmán/es. Si quieres, puedes decirles que te den temas específicos de oración.

v Tienes que estar preparado para hablar de cualquier cosa (no solo de temas religiosos) y habla abiertamente de tu fe; conecta tu fe con tu vida diaria.

vi No ataques al Islam, las prácticas islámicas, a Mahoma. Sé cuidadoso de no criticar al Islam. Jesús nos enseñó a no ver la paja en el ojo ajeno sino prestar atención a la viga en nuestro propio ojo (Mateo 7:1-5). No te vuelves blanco pintando a los demás de negro. No comiences una discusión (considera la advertencia de Pablo en 2 Ti. 2:23, 24 acerca de las argumentaciones necias e insensatas).

vii Cuando estés en desacuerdo, no fuerces el tema en cuestión, deja la puerta abierta para la próxima visita, oportunidad o conversación.

viii When in disagreement, don't force the issues, leave the door open for the next visit/opportunity/conversation.

ix Haz todo lo que puedas para aclarar malentendidos sobre la fe cristiana y prepárate para admitir los errores y los crímenes de los cristianos en el pasado y en el presente.

x Usa historias, ejemplos y tu testimonio personal (no solo como te convertiste sino también cómo el Señor contesta tus oraciones, compárteles un versículo que te ha consolado o guiado recientemente, etc.) para explicar una verdad bíblica. Es mejor decir: "Yo creo que..." o "Mi convicción es que..." o "Yo creo que la Biblia enseña que..." que la forma más generalizada: "La Biblia enseña que..." o "El Cristianismo cree que...".

COMPARTIENDO VIDAS   LECCIÓN 5

xi Vive lo que predicas. La parte más difícil y más significativa del evangelismo es ser un ejemplo y una ilustración del mensaje verbal que compartimos.

xii Se tú mismo. Esta es la manera más fácil de mantener una relación que perdure por un período largo de tiempo.

D   Un modelo de encuentro

"Y aconteció que tres días después le hallaron en el templo, <u>sentado en medio</u> de los doctores de la ley, <u>oyéndoles</u> y <u>preguntándoles</u>. Y todos los que le oían, se maravillaban de su <u>inteligencia</u> y de sus <u>respuestas</u>." (Lucas 2:46-47)

Somos llamados a ser como Cristo en las relaciones interpersonales. Los versículos anteriores están tomados del relato de Lucas sobre Jesús a los 12 años en el templo. Colim Chapman ve este episodio como un modelo genuino para tener un encuentro con musulmanes y señala los siguientes cinco detalles:[18]

<u>Sentado en medio de ellos</u>.
Jesús se sentó en medio de los doctores de la ley. ¿Cómo se pueden sentar los cristianos en medio de los musulmanes? Visitándolos en sus casas, pasando tiempo con ellos en su vida social, visitando una mezquita, un centro juvenil islámico o un centro de estudiantes, etc. Tenemos que buscar maneras naturales de conectarnos. ¿Cuánto conocemos acerca de la comunidad a la que pertenecen o acerca de su historia o su cultura? ¿Cuánto sabemos de lo que se siente al estar en sus zapatos? ¿Me doy cuenta de cómo reaccionan ellos conmigo como persona?

<u>Oyéndoles</u>.
Jesús escuchó a los maestros. ¿Cómo podemos aprender los cristianos a escuchar a los musulmanes? A través de un deseo sincero de aprender lo que piensan, prestando atención con seriedad a la manera en la

---

[18] Colin Chapman, *Cross and Crescent: responding to the Challenge of Islam* (Downers Grove, Il., USA: IVP Books, 2007), 24,25.

LECCIÓN 5   COMPARTIENDO VIDAS

que ellos expresan su fe en vez de prestar atención solamente a lo que se dice en los medio de comunicación. Significa que debemos aprender sobre su mundo, sobre su trasfondo, que tenemos que calzarnos sus zapatos y ver el mundo a través de sus ojos. Significa que tenemos que aprender a escuchar con nuestros corazones no solo con nuestro oído. La Biblia deja en claro que "El hombre que oye, permanecerá en su dicho." (Proverbios 21:28).

Preguntándoles.
Jesús les preguntó. Cuando hemos dado los dos primeros pasos, estamos en una mejor posición para hacer buenas preguntas sin que los musulmanes consideren que esas preguntas son una amenaza. Podemos comenzar con preguntas básicas y también ser más profundos, preguntándoles gentilmente sobre algunas de sus creencias y declaraciones. No debemos preguntar para avergonzar a nuestro amigo musulmán sino realmente para comenzar una conversación.

Inteligencia.
Los doctores de la ley vieron que Jesús entendió. Las respuestas a nuestras preguntas nos llevarán a una mayor compresión del Islam y la vida de nuestro amigo musulmán, no como si lo leyéramos en un libro. La inteligencia nos permite discernir los temas más importantes para no desviarnos en conversaciones vanas.

Respuestas.
Jesús respondió las preguntas de los doctores de la ley. Cuando los musulmanes ven que realmente los entendemos, pueden comenzar a hacer preguntas sobre nuestra fe. Una vez que lleguemos al punto de poder darles cualquier respuesta, entonces responderemos preguntas genuinas que se hacen los musulmanes y no simplemente las respuestas que nosotros pensamos de deben darse. También en este punto de la relación, ya nos hemos ganado el derecho a hablar.

> **Pídele al Señor que te lleve a contactarte por lo menos con un musulmán con quien puedas comenzar a tener una relación significativa para poder ser Su testigo en sus vidas.**

Libro del curso   COMPARTIENDO VIDAS

COMPARTIENDO VIDAS LECCIÓN 5

Conclusión

El curso "Compartiendo Vidas" ha concluido. Para más preguntas, información adicional y los próximos pasos a seguir, puedes contactarte escribiendo a:
info@sharinglives.eu

Para conseguir libros, DVD y direcciones con información adicional visita el sitio web: www.sharinglives.eu

Hay más información en el Apéndice que sigue:

APÉNDICE

Materiales para los que quieren aprender más[19]

Hay un creciente número de buenos libros y DVDs que te ayudarán a entender mejor a tus amigos musulmanes y a compartir tu vida y al hacerlo, también compartir tu fe con ellos. Aquí enlistamos algunos de estos materiales.

El Islam desde adentro (DVD)

"El Islam desde adentro" (Inside Islam) es un documental del año 2002 que da una buena presentación del Islam. Los temas incluyen las conexiones del Islam con el Judaísmo y el Cristianismo, la vida de Mahoma, los Cinco Pilares del Islam (la profesión de fe, la oración, la caridad, el ayuno en Ramadán y la peregrinación a la Meca) y la historia del Islam, las mujeres en el Islam, el colonialismo europeo, el islamismo y la Yihad.

La Cruz y la Media Luna: respondiendo al desafío del Islam, Colin Chapman

Colin Chapman nos desafía a examinar nuestras propias actitudes y considera los temas implicados en la relación de los cristianos con los musulmanes y el Islam. Explora, sobre todo, cómo los cristianos pueden dar un testimonio efectivo de Jesús. Este libro incluye material sobre "El Terrorismo islámico", "¿Qué es el Islam?" y "La visión coránica del Cristianismo" y "Explicación de las creencias cristianas sobre Jesús". Este texto ayudará a los cristianos a entender mejor a los musulmanes y el Islam en este mundo que cambia vertiginosamente.

---

[19] El hecho de recomendar estos materiales no significa que estamos de acuerdo con todo su contenido.

¿Gracia para los musulmanes? La travesía del temor a la fe
Steve Bell

¿Por qué una religión esencialmente "benévola" puede transformar a algunos en "demonios"?, preguntó un periodista musulmán. Esta es una pregunta que está en el corazón del debate islámico. Se hacen afirmaciones alarmistas acerca de estos "demonios" mientras se descarta la posibilidad de un Islam pacífico. Muchos están confundidos con las facetas contradictorias de la religión. ¿Es posible que los cristianos se relacionen con los musulmanes sin ser políticamente ingenuos o teológicamente liberales? Steve piensa que esto es posible. Él comparte su propia travesía y reflexiona sobre cómo llegó al tema crucial de la gracia.

Enfrentando el mundo del Islam
Keith Swartley (editor)

"Enfrentando el mundo del Islam" es un libro de estudio que incluye artículos de ochenta autores que han vivido en el mundo musulmán. Este libro te guía en un viaje por las vidas de los musulmanes que viven alrededor del mundo y en tu barrio. A través de esta completa colección, aprenderás sobre Mahoma y la historia del Islam, cómo tener perspectiva de los conflictos actuales y disipar los temores y mitos de occidente. También descubrirás las frustraciones y deseos de los musulmanes y aprenderás cómo orar por ellos y cómo ser amigo de ellos. Enfrentando el mundo del Islam da una perspectiva positiva, equilibrada y bíblica del corazón de Dios para los musulmanes y te equipa para alcanzarlos con el amor de Cristo.

La Media Luna a través de los Ojos de la Cruz
Nabeel T. Jabbour

En este libro, el autor, un cristiano árabe, quiere ayudar a sus lectores a entender y tener compasión por los musulmanes. El autor escribe una historia de ficción sobre Ahmad, uno de sus amigos musulmanes. También "conocemos" al padre y la hermana de Ahmad que están en

Egipto. A través de "la boca" de Ahmad y sus parientes, el autor trata varios aspectos de la cosmovisión de los musulmanes, temas con los que tienen que lidiar los cristianos que quieren compartir la Buenas Nuevas, tales como: la relación entre Jesucristo y Mahoma, el Corán y la Biblia, el rol de Israel, las diferencias culturales, el rol de la mujer, la historia occidental cristiana de las Cruzadas y el Colonialismo, la contextualización de nuestro mensaje y la integración de creyentes de trasfondo musulmán en la Iglesia.

Haciendo la paz con el Islam
Christine A. Mallouhi

¿Cómo pueden los cristianos considerados abordar el Islam? A medida que la relación del Islam y el Occidente se polariza más, a muchos cristianos los pone nerviosos conocer musulmanes. ¿Cómo podemos vencer años, o siglos de desconfianza? Christine Mallouhi, casada en medio de una familia musulmana, que vivió gran parte de su vida en Medio Oriente, sugiere que deberíamos seguir el ejemplo de San Francisco de Asís, que durante las Cruzadas fue vivir con los musulmanes e incluso compartió el Evangelio con el Sultán.

Un llamado costoso
Emir Fethi Caner and H. Edward Pruitt

Veinte historias actuales de musulmanes de diferentes partes del mundo que encontraron a Jesús.

Hijas del Islam: construyendo puentes con las mujeres musulmanas
M. Adeney

En "Hijas del Islam", Miriam Adeney te presenta a mujeres como Ladan, Khadija y Fatma. Aprenderás sobre sus vidas, preguntas y esperanzas. Aprenderás cómo ellas son tanto únicas como representantes de sus hermanas árabes, iraníes, africanas y del sudeste de Asia. Y descubrirás qué fue lo que las atrajo a Cristo. Al entrar en las vidas de

COMPARTIENDO VIDAS · APÉNDICE

Ladan, Khadija y Fatma, comprenderás mejor cómo relacionarte con otras mujeres de trasfondo musulmán y cómo compartir con ellas sobre Cristo.

El Mundo del Islam (CD)

El *CD-ROM El Mundo del Islam* contiene 39 libros completos y numerosos artículos sobre el Islam y el testimonio cristiano, incluyendo un Diccionario del Islam de 750 páginas, artículos sobre contextualización y las raíces del fundamentalismo y la militancia en el Islam. Diez mapas recientemente actualizados describen la situación actual del mundo musulmán. Además, más de 100 fotos para imprimir del mundo islámico, ocho estudios completos de notables eruditos sobre el Islam, el texto completo y para búsqueda rápida del Corán, bibliografía comentada, enlaces con sitios web relacionados con el Islam y mucho más. ¡Más de 12.000 páginas de recursos!

Más que sueños (DVD)

Este DVD con formato de documental contiene cinco historias verdaderas de exmusulmanes que conocen a Jesús como su Salvador. Las historias fueron seleccionadas en Egipto, Irán, Turquía, Nigeria e Indonesia. "Más que sueños" recrea cada una de estas historias, producida en su idioma original. La película incluye un segmento de ministerio que explica qué significa seguir a Cristo y guía a la audiencia a hacer una oración para ser salvos.

Bert de Ruiter (ed.)

Engaging with Muslims in Europe

In Europe one finds Christian communities and Muslim communities living in close proximity to each other. Muslims and Christians pass each other in the streets, stand next to each other waiting for the bus or metro, live next to one another in streets, share apartment buildings with each other, study in the same universities, have their lunches in the same business canteens, shop in the same shopping centres. Nevertheless, they are essentially strangers to each other. Only a small minority of Churches and Christians in Europe are engaged with Muslims through meaningful and loving relationships which provide opportunities to witness to them about the truth of God.

The European Ministry to Muslims Network of the European Leadership Forum seeks to equip the Church in Europe to relate to Muslims with a compassionate heart, an informed mind, an involved hand and a witnessing tongue. In this book members of the network and others write about their engagement with Muslims in Europe.

Pb. • pp. 112 • £ 7.00 • € 8.00
ISBN 978-3-95776-025-8

VTR Publications • Gogolstr. 33 • 90475 Nürnberg • Germany
info@vtr-online.com • http://www.vtr-online.com

Bert de Ruiter

Sharing Lives
Overcoming Our Fear of Islam

This book argues that the single greatest hindrance to Christian witness amongst Muslims in Europe is fear.

Many European Christians fear that Europe will gradually turn into Eurabia, or Islamic domination of Europe, and they ignore the efforts of Muslims to adapt to the European context, a situation pointing to a future scenario of Euro-Islam, or Islam being Europeanized. The author argues that instead of an attitude of fear, which leads to exclusion, Christians should develop an attitude of grace, which leads to embrace.

After analyzing books and courses developed to help Christians relate to Muslims, he concludes that these mostly concentrate on providing information and skills, instead of dealing with one's attitude. Because of this the author developed a short course to help Christians overcome their fear of Islam and Muslims and to encourage Christians to share their lives with Muslims and to share the truth of the Gospel.

Pb. • pp. XIII + 209 • £ 13.95 • € 14.90
ISBN 978-3-941750-22-7

VTR Publications • Gogolstr. 33 • 90475 Nürnberg • Germany
info@vtr-online.com • http://www.vtr-online.com

www.ingramcontent.com/pod-product-compliance
Lightning Source LLC
Chambersburg PA
CBHW071737040426
42446CB00012B/2390